별탑

별탑

김추리(춘자) 수필집

수필과비평사

| 작가의 말 |

수필은 나의 일상이다.
가파른 일상을 내쉬는 숨결.
고뇌의 그늘에 고인 흙탕물을 맑히는 시간이다.

수필은 나의 사랑이다.
씨앗을 틔우는 초록빛 햇살.
대지에 찰랑이는 우람한 웃음꽃의 함성이다.

수필은 나의 별빛이다.
수억 광년을 건너오는 언어의 몸짓.
끊임없이 주고받는 무한한 사유의 공간이다.

| 차례 |

02

03

04

05

01

규화목

나무의 죽음인가. 돌의 탄생인가.

생을 마치는 순간, 나무는 주검을 늪에 묻히고 새로운 숨을 쉬었다. 들숨 따라 시작된 광물들의 침투로 온몸에 색색의 열꽃이 피었다. 어둠의 배려로 수백 년 지난 삶을 망각하고 날마다 수만 년을 이어갈 신화창조를 꿈꾸었다.

무엇을 바라는가. 무엇을 기다리는가.

우주 멀리, 저 멀리, 안드로메다의 별들이 보내주는 신비의 빛으로 나무의 진액을 뱉어내면서 꼿꼿하게 맥을 세우고 본연의 결과 동그란 나이테를 움켜쥐었다. 긴긴 날이 속속 지나가고, 죽고도 죽지 않은 나무돌이 되어 수만 년 살아갈 새 생명을 부여받았다.

규화목. 나무가 죽어, 새로운 몸으로 태어나서, 화석이 된, 새 이름이다. 모양도 성질도 치환의 고통과 경이로움으로 단련하여 견고한 돌이 된 나무. 화석이 된 나무.

나무의 숨이 멎자 미생물이나 박테리아가 달려들었을 터다. 주검이 썩기 전, 늪지대나 갯벌에 파묻히기도 했다. 진흙에 몸을 부린 채 침잠하거나 모래바람에 묻히게 되었을 그 때, 광물질이 공기보다 앞서 죽은 나무의 물관을 타고 스며들었다. 점, 점, 점, 아주 기나긴 시간 동안 파랗고 붉은 또는 노란색의 빛이 스미어 신비스런 광물이 되었다. 본래 나무의 성분은 다 사라지고 형태는 그대로 화석으로 남았다. 나무나 돌이나 감각이 없는 무정물이긴 매한가지이나 아무리 소소영령이 없다 한들 생장하는 생물인 나무와 무생물인 돌이 똑같을 수는 없겠다는 생각은 나의 무례함인가.

그러나 나는 광물로 태어난 규화목을 나무의 화신으로 우러르고 사랑한다. 오래된 것들에게 보내는 나의 존경 방식이다. 비록 누군가가 과학의 힘을 빌려 알아낸 상식으로 규화목의 내력을 읽었지만, 규화목을 마주친 순간 나는 그 신비스러움에 감동할 수밖에 없었다.

맨 처음 규화목을 만난 건 오래전, 창덕궁 후원 승재정 앞에서였다. 검은빛이 나는 그 돌이 예사롭지 않아 걸음을 멈추고 오래 들여다보았다. 짧은 안내문을 읽고 나서야 그 돌 같은 나무가 아니, 나무 같은 돌이 생전 처음 보게 된 규화목이란 걸 알았다. 규화목이란 걸 어렴풋이 알고 나니 차츰 그것에 관심이 일고 눈이 틔었다. 베이징 여행을 할 때는 일부러 '규화목 공원'을 찾아가게 되었고 제주도를 여러 차례 오가면서도 관심 두지 않았던 '생각하는 정원'의 규화목을 일부러 찾아가 관람했다.

그 몇 년 후, 곤지암 '화담숲'에 갔다. 소문대로 잘 조성된 아름다운 숲이었다. 매끈하게 닦인 길을 따라가며 경쾌하게 봄을 노래하면서 마음껏 풍광을 즐겼다. 자작나무 숲을 지나고, 분재처럼 잘 다듬어 가꾼 소나무 정원을 지나고, 120년이나 된 분재가 있는 예사롭지 않은 분재원을 휘 둘러보고 나오는데 와~, 각양각색의 규화목들이 나타났다. 인도네시아산 규화목으로 300점이나 된다고 설명문에 적혀 있다. 이런 광경을 만나면 으레 환호작약하며 탄성이 터지고 가슴이 쿵쾅쿵쾅 뛸 법도 한데 그날, 그 앞에 서니 오히려 마음이 차분해지며 발걸음은 천천히 조신해졌다.

크고 작은 규화목을 향해 마치 백 살 어른을 뵙듯 눈인사를 올렸다. 오랫동안 참선을 하다 열반에 든 선승의 모습이 저러할까. 골고다의 예수의 자태가 저러할까. 단군신화 속 태백산의 신단수가 저러할까.

숭고하다. 내 눈에는 저 규화목이 아무리 봐도 돌이 아니다. 나무가 아니다. 금강석도 아니다. 마치 저 나뭇결 결결마다,

나무 아닌 나무 어디에서, 혼령이라도 나올 듯 매섭다. 범접 못할 서릿발 같은 기운에 오싹 한기가 들 정도로 고고하다. 분명 나무이면서 석영인 양 매끈매끈 보석인 듯 반짝거리는 돌. 예측하기 어려운 수많은 시간을 품어 안고 견디며 지내온 시간들을 끌어안은 나무 아닌 나무, 앞으로 수만 년을 살아가야 할 돌 아닌 돌, 죽었으면서 살아 있는 나무의 혼신이 스민 돌이다.

규화목 앞에 엎드려 그의 오래된 몸을 만져본다. 셀 수 없는 수많은 시간들이, 압축된 차가운 몸결이 손바닥을 타고 뜨겁게 건너온다. 차곡차곡 채워 눌러둔 나의 가슴이 누름돌을 들추고 나와 속속들이 함께 타오른다.

무성서원에서 상춘곡을 떠올리며

홍살문 창살에서 뒤척이던 갓맑은 햇살이 길을 터주었다. 무성서원은 마을 가운데 있어 홍살문이 아니라면 이웃 마당에 들어가는 것처럼 임의롭다. 세월의 바람결에 닳은 현가루絃歌樓 문지방을 넘으려니 조신한 걸음걸이가 더욱 조심스러워진다. 나무로 수십 년, 현가루의 문턱으로 수백 년을 살아온 흔적이 고스란히 배어 있는 문턱 나뭇결이 올올하다.

서원에 들어설 때면 왠지 숙연해져 몸가짐을 돌아보고 마음을 여미게 된다. 홍살문 앞에 서서 숨결을 가다듬는다. 나는 서원에서 저절로 다소곳해진다. 성현의 위패를 모신 곳이어서 그렇기도 하겠지만 배움터에 대한 존경심이 일기 때문이다.

누구에게나 채우지 못한 욕망이 한둘 있을 수 있다. 제때에 맞춰 학업을 이을 수 없었던 나는 배움에 대한 갈망이 남다르다. 학교는 늘 나의 동경이었고 배움은 나의 우상이었다. 그러니 어찌 강학의 전당인 서원에서 아무렇게나 행동할 수 있겠는가.

한때는 서원 순례를 한 적도 있다. 내 고장은 물론 전국의 서원을 돌아보며 그 시대 선비들의 고결함을 깊이 흠모하였다. 며칠 전에는 2박3일 동안 가족여행으로 병산서원, 도산서원, 소수서원을 돌아왔고, 오늘은 무성서원에 오기 전 북면에 있는 남고서원에 다녀왔다. 남고서원의 아주 작은 쪽문이 보고 싶었고, 외삼문에 붙어 있는 빗장걸이 거북과 남생이를 보고 싶었다. 서원과 마을 집들의 돌담 소식도 궁금했다. 잠깐이었지만 서원의 넓은 담 위에 갓 피어난 노란 씀바귀꽃과 떨어진 풋감도 보면서 그곳의 한유閑遊를 오달지게 느끼고 왔다.

무성서원 관람이야 벌써 여러 차례 했다. 하지만 나날의 삶이 다르듯이 올 때마다 새롭기는 매한가지다. 오늘은 아담하고 정겨운 무성서원의 강당에서 한나절쯤 앉아 있고 싶었다. 그러면 속진으로 찌든 마음이 한결 가벼워질 것 같다. 문이 없이 툭 트인 대청 너머 안쪽으로 내삼문의 태극 문양이 환히 비친다. 사당과 내삼문 기와지붕이 오늘따라 유난히 야젓하고 아름답다. 무딘 듯한 맞배지붕의 기와선이 겹겹으로 놓이니 한결 품격이 높아 보이고 듬직한 용마루의 곡선이나 반듯한 기와의 결이 선현의 기개와 올곧음을 보여주는 듯하다.

흥선 대원군의 서원철폐령에도 훼철되지 않고 남아 있는 무성서원. '武城書院 丙子十一月 賜額'이라고 늠름하게 쓰인 현판을 우러러본다. 칸칸이 둥근 기둥에 달아 놓은 주련을 더듬더듬 어설프게나마 뜻풀이를 해보는 재미도 쏠쏠하다. 마루에 앉아 위를 보면 편액이 가득하다. 한문으로 씌어 잘 알 수는 없지만 서원 중수에 관한 내용이라고 한다. 구불텅구불텅 휘어지고 굽어진 나무의 생김새대로 대들보가 놓이고, 처마로 흐르는 듯 나란히 누워 있는 서까래들. 결결이 드러난 나뭇결, 군데군데 박인 옹이도 고결해 보인다. 바랜 마루 색깔이 정겨워 쓰다듬다가 문득 오래전에 돌아가신 할머니 생각이 난다. 발톱을 깎아드리다가 무심코 더듬어보는 할머니의 종아리가 이랬었지. 그때는 통통했던 어머니의 종아리가 어느덧 그때의 할머니처럼 밭았고, 나 또한 할머니와 어머니를 꼭 따라야만 하는 양 세월을 뒤좇아 달려가고 있다.

서원의 정갈한 마당에는 천지만물의 음양 이치를 알라는 듯 햇빛과 그림자가 자리를 나누고, 서원을 에워싼 숲에서는 새들의 노래가 끊이지 않는다. 작은 새들이 마당을 오락가락 하며 조잘대는 소리에 머리가 개운해진다. 선들바람 몇 가닥이 담장을 넘어와 뜨락에 앉는다. 마침 활짝 핀 백화등 향기가 서원 마루를 휘감는다. 강당 옆 오래되어 넝쿨이 나무처럼 굵어진 백화등이 맑디맑은 향기를 피워낸다. 가만히 눈을 감고 옛 선비들의 글 읽는 모습, 담론하는 모습을 눈앞에 그려본다.

아, 참! 무성서원은 공부하고자 하는 사람들의 신분을 따지지 않고, 나이를 제한하지 않았으며, 빈부를 가리지 않았다고 하였지. 다만 과거시험을 목적으로 하는 사람은 받아들이지 않았다고 했지. 가난한 사람도 소외당하지 않고 공부를 할 수 있었다는 무성서원. 동네 가운데 터를 잡아 마을 집들과 어울린 풍경까지 수더분하다. 웬만한 학덕이 아니고서야 있을 수 없는 일이 아닌가.

사우祠宇인 태산사泰山祠에는 유학의 시조인 고운 최치원, 불우헌 정극인, 태인 현감을 지낸 신잠 등 일곱 분의 성현이 모셔져 있다. 이곳에서는 학문과 덕행이 뛰어난 분들을 후손들이 기리고 본받고자 향사를 지낸다.

〈상춘곡賞春曲〉, 〈불우헌가不憂軒歌〉, 〈불우헌곡不憂軒曲〉을 지은 불우헌 정극인 선생의 묘는 마을을 휘돌아 가면 언덕배기 같은 나지막한 산에 있다. 부인과 위아래에 함께 계신다. 소나무로 둘러싸인 묘소는 조용하고 아늑하다. 뻐꾸기가 뻐꾹뻐꾹 울고, 산까치 떼가 휘리릭휘리릭 날며 소리를 높인다. 작은 새들도 고운 소리로 노래를 한다. 꿩이 "꿩꿩"하니 산이 따라 "꽝꽝"울린다. 몇 발짝 앞에서 장끼와 까투리가 잰걸음으로 달리다가 후두둑 날개를 치며 날아간다.

여름이 한창이어서 그런지 산어귀 묘소에는 풀들이 우북하다.

삐비꽃이 하얗게 출렁이고, 찔레덩굴과 같은 잡풀들이 무더기로 피어 얼핏 꽃밭처럼 보이나, 보는 이의 마음을 착잡하게 한다. 제각祭閣도 사람의 보살핌이 멈춘 듯 대문이 떨어져나가 있어 보기 흉하다. 마당가 앵두는 빨갛게 익어 꽃처럼 곱고 오디도 까맣게 익어 새들을 불러 모으고 있는데 마당은 수북한 풀들이 잔뜩 메웠다. 보는 눈이 자꾸만 씁쓸해진다.

그러나 선생의 〈상춘곡〉을 떠올리자 마음이 편안해진다. 송죽 울울하고 녹음방초 푸르러 조화신공이 물물마다 화려하니 선생께선 당신께서 말씀하신 물아일체의 공간에 누워 계심이 분명하다. 백년행락을 여기서 누리시는구나. 여름을 겨워 우는 새들의 노랫소리 숲을 에워싸니 이 아니 무릉이 아닌가. 선생이 말한 '저 산'이 바로 이 산이 아니겠는가. 송풍과 청향과 낙홍이 모두 여기에 있는 것을.

정극인은 단종이 왕위를 빼앗기자 관직에서 물러나 처가인 정읍으로 내려왔다. 후학을 가르치며 가사와 단가, 고현향악 등의 작품을 남겼다. 태산선비문화사료관 앞에는 선생의 동상과 상춘곡가사비가 세워져 있다.

나의 일터인 전북문학관에도 벽면 가득 커다란 연두색 바탕틀에 선생의 모습과 함께 〈상춘곡〉이 씌어 있다. 봄의 완상과 안빈낙도를 표현한 사대부 가사의 최초 작품 〈상춘곡〉. 자연을 즐기는 심경이 오롯하고, 풍류의 미학이 뛰어난 〈상춘곡〉을 하루에도 몇 번씩 올려다보며 읊조리곤 한다. 그러면서 불우헌 정극인 선생에 대한 공경심을 차곡차곡 쌓아간다.

〈상춘곡〉을 떠올려 마음을 편히 갖고 나니 묘소를 내려오는 발걸음이 가볍다. 선생께서 〈상춘곡〉에서 그리하셨듯이 천천히 거닐며, 시를 그리며, 한가한 가운데 참된 맛을 혼자 품는다.

겨울 찬바람에 왔다 갔고, 진달래 피는 봄날과, 오늘 왔으니, 가을쯤 또 오리라는 생각을 한다.

선생을 따로 뵈었으니 다시 서원으로 들어가 여기저기 둘러봐야겠다. 현가루에 올라 마당에 땅 그림자 질 때까지 서원의 맑은 바람과 함께해야지.

우담바라

운전대 바로 앞 유리에 우담바라 열일곱 송이가 피었습니다. 보일 듯 말 듯 가는 줄기에 아주 작은 하얀 꽃이 신기하고 예쁩니다. 남편은 며칠째 고민입니다. 닦아내야 할지 그냥 둬야 할지. "어쩌자고 하필 이런 곳에 피었느냐."며 이러지도 저러지도 못합니다.

식물은 보통 자기가 살아야 할 곳을 선택할 수 없습니다. 사람은 자기가 필요로 하는 식물의 씨가 여물기를 기다려 알뜰하게 채취하여 다음 발아를 위해 갈무리를 하지요. 그러나 그런 경우가 아니라면 보통 제 스스로가 아닌 무엇인가의 도움을 받아 제 살길을 찾아야 합니다. 바람에 의존하거나 곤충의 힘을 의지하기도 하지요. 더러는 물살에 제 몸을 맡겨 삶의 터를 찾아

나서기도 합니다. 그러나 그런 과정들이 쉽지만은 않지요. 때로는 얄궂게도 엉뚱한 곳에 떨어지거나 쓸려가 고충을 겪어야 합니다.

오가는 길목 바짝 마른 바람벽에 괭이밥이 자라고 있습니다. 일 년여 사랑초라는 풀꽃에 눈을 뜨고 나니 온갖 곳에서 괭이밥에까지 눈이 갑니다. 제가 지금 말하는 괭이밥은 바리데기마냥 아무 곳에서나 자라는 잡초입니다. 흔전만전 천덕꾸러기 그 풀때기가 산동네에서도 가장 가난한 집 금간 벽에 붙어살다가 제 눈에 띈 것입니다. 바람벽에 뿌리를 내렸으니 물인들 제대로 먹었을 리 만무한데도 벽을 타고 내린 모양새가 단아하기 그지없습니다. 해가 쨍한 날에는 보석 같은 노랑꽃을 반짝반짝 피웁니다. 나는 때 없이 그곳에 멈춰 서곤 합니다. 백 개도 넘는 계단을 오르느라 숨찬 걸음이지만 괭이밥 노란 풀꽃 앞에 서면 평온합니다. 작지만 또렷한 다섯 장의 노란색 꽃잎, 어떤 노랑보다 고운 색깔로 빛이 납니다. 작디작은 초록색 잎은 또렷하고도 야무진 하트 모양이지요. 저 살기도 벅찬 풀꽃이지만 웃는 낯꽃으로 저의 헐떡이는 숨을 가다듬어 줍니다.

어쩌자고 숨가쁜 언덕배기 허름한 벽에 터를 잡고 살게 됐는지. 그 볼품없는 틈새라도 목숨 붙여 살겠다고, 하늘이 주는 빗물에라도 목 축이며 살아보겠다고, 바동대는 모습이 왜 그리 처절한지. 옆에는 작년 것인지 재작년 것인지 모를 바짝 말라죽은 괭이밥 두어 포기가 늘어져 있습니다. 비록 볼품없는 주검의 흔적일지라도 종자 한 알 겨우 저곳에 남겼었구나 싶어 눈시울이 붉어집니다.

어느 날 아버지가 혼잣말로 중얼거리셨습니다. "세상은 넓고 넓은데…. 우리 아버지는 너른 땅 다 놔두고 어찌 이런 좁은 골짝에 자리를 잡았는지 몰라." 얼마나 살기가 팍팍했으면 그런 말씀을 하셨을까. 지금도 가슴이 뭉클합니다. 워낙 부지런하고 긍정적인 아버지. 어린 나이에 당신의 아버지를 여의고 홀어머니와 동생들 뒷바라지며 일제탄압과 육이오를 맨몸으로 겪으신 아버지. 아버지의 삶이 얼마나 모질고 혹독하셨을까요. 평생 한눈 한 번 팔 새 없이 살뜰히 칠남매를 건사하시고 어머니에게는 최고의 남편으로 소문 자자한 아버지가 오늘따라 더욱 그립습니다.

메마른 벽에 붙어서도 고운 꽃을 피운 괭이밥을 오래오래 바라봅니다. 이 길을 오갈 때마다 마음이 쏠렸던 이유를 이제야 알 듯 싶습니다. 혹독한 환경에서도 제 아픔을 다듬어 아름다운 꽃을 피우고 씨앗을 여물리는 한 포기 풀이 제게는 훌륭한 반면선생이 됩니다.

우담바라는 삼천 년에 한 번 피는 꽃이라고 합니다. 길상화라고도 하며 천복을 타고나야 볼 수 있다고도 합니다. 불가에서는 무량억겁에 만나는 인연인 듯 부처의 공덕을 귀히 여겨 듣고 새겨야 볼 수 있다고 한답니다. 그런 우담바라가 우리 자동차에 고이 피었으니 횡재가 분명합니다.

그러나 한편에선 우담바라가 풀잠자리 알이라고 하지요. 어쩜 그게 더 신빙성이 있는 것 같기도 합니다만 어쨌거나 우리는 차 안에 피어난 우담바라를 보며 상서로운 징조라고 편안한 미소를 짓습니다. 우리 앞에 좋은 일이 일어날 것이라는 생각을 합니다. 아버지가 당신 앞에 주어진 세상을 긍정적으로 살아낸 것처럼, 우리 앞에 피워준 우담바라를 마음 깊이 귀한 선물로 간직합니다.

풀잠자리는 어찌 움직일 수 없는 식물도 아니면서 자동차 안에까지 들어와 알을 낳았을까요. 마땅한 풀잎에 알을 낳았더라면 좋지 않았을까요. 그러기에 우리의 눈에 띈 그것은 단순히 풀잠자리의 알이 아닌 게지요. 바람에 한들한들 평화로운 열일곱 송이의 우담바라인 것이지요.

그렇다고 눈에 보이는 현상에 집착하는 것은 아닙니다. 이런 기회를 준 우담바라가 품고 있는 삶의 내면을 새겨두려는 것입니다. 바람벽에 빌붙어서라도 기어이 아름다운 꽃을 피우는 괭이밥처럼 말입니다. 나는 여름이 다 가고 찬바람이 불 때까지 언덕배기 계단을 오르내리며 괭이밥의 삶을 가슴속 깊이 새겨둘 것입니다.

봄이 오는 길목에서

봄이 오는 길목, 꽃샘잎샘 바람이 분다. 느닷없이 북쪽 하늘이 깜깜하고 찬바람이 몰려오는가 싶더니 후두둑 비까지 달려와 쏟아진다. 사나운 사람 성질부리듯 하는 날씨에 오싹 한기가 든다. 느닷없는 바람에 매화꽃이 사방으로 나부끼며 꽃보라를 친다. 비는 함성처럼 다가와 한참을 머물더니 우우우~ 패거리들 몰려가듯 자리를 떴다. 마치 뒤끝 없는 성깔 사나운 사람을 본 듯 어안이 벙벙하다.

겨우내 꽃눈 키워 우아하게 벙글었던 목련꽃이 속절없이 떨어져 나무 아래가 하얗다. 야박하기도 하지. 아름다이 피운 꽃들을 이렇게나 매몰차게 짓밟고 가다니.

퇴근시간에 비가 몰려갔던 길을 따라 바람만바람만 걷는다.

거리엔 아직 비 온 뒤 서늘한 바람이 남아 옷섶을 여미게 한다. 계절이나 날씨와 관계없이, 참새가 방앗간을 지나칠 수 없듯이 덕진공원으로 발길을 옮긴다. 옆문으로 들어서니 길바닥에 작은 솔방울 같은 열매가 즐비하다. 무슨 열매가 이렇게 앙증맞고 예쁠까 생각하며 대여섯 개 주워들고 올려다보니 메타세쿼이아가 우두커니 서 있다. 순간의 비바람에 열매를 빼앗긴 키다리 나무가 온몸이 젖어 울먹이는 것만 같다.

공원 안으로 들어가니 여기저기 나무 아래 매화나 목련꽃같이 봄을 서둘러 핀 꽃들이 몽땅 떨어져 바닥에 널브러져 있다. 짓궂은 바람 탓이 저절로 나온다. 그러거나 말거나 연못가 실버들은 가닥가닥 봄물을 머금고 늘어져 살랑인다. 저리도 가늘고 여린 실가지가 찬바람에 얼지 않고 겨울을 버티더니 천둥벌거숭이처럼 불어닥친 비바람도 잘 견디었구나.

요즘, 연못이 봄맞이로 바빠 보였다. 지난여름 수만 송이 연꽃들이 촛불처럼 피어올라 장관을 이루더니, 가을 언제부터 몸색을 갈색으로 바꾸고, 겨울엔 꽃대와 잎줄기를 꺾어 기하학적 모양으로 온 연못에 전시관을 차렸다. 그러더니 봄이 오는 기색을 알아챘는지 제 몸을 물속 땅에 뉘이며 의연하게 봄갈이를 하고 있었다. 바짝 마른 줄기가 어떻게 봄기운을 느낄 수 있는 걸까. 과학처럼 오차 없는 자연의 이치에 놀랍기만 하다.

그렇구나. 봄에 비바람이 치는 것도 다 이유가 있었구나. 문

듯 자연의 흐름에 헛된 것이 없다는 생각이 든다. 고맙기도 하지. 꽃잎이 수북이 떨어졌지만 금방 핀 꽃들은 바람이 아무리 흔들어도 떨어지지 않았지. 메타세쿼이아가 새 잎이 나와야 할 때까지 차마 열매를 떨어뜨리지 못해서야 되겠는가. 씨앗을 바람에 날린 빈 열매는 이제 그만 떨어져 새싹을 틔우도록 해야 하는데 나무에 죽치고 매달려 있었으니.

어미가 된 큰딸은 모유 수유를 딱 육 개월만 하겠다고 당차게 말했었다. 그러나 돌이 지나고도 반년이 다 되도록 젖을 떼지 못한 채 제 자식과 젖 뗄 날 약속을 한다. 몇 월 며칠까지만 먹기로 약속을 하면 그 즈음에 아기가 열이 나곤 하여 저절로 약속이 서너 번이나 미뤄지고 있는 중이다. 서로 애를 먹는 딸내미와 외손녀를 떠올리니 애처로움이 더한다.

젊은이들이 제때에 일자리를 찾지 못하거나 결혼을 미룬 채 자립하지 못하고 부모에게 의존하는 경우도 있다. 취업이 어렵고 소비성향은 점점 높아져 캥거루족이니 니트족이니 생소한 말이 생겨난다. 그런 자식을 남 보듯 할 수 없으니 헬리콥터 부모라는 말도 생겨 실태를 짐작하게 한다.

그러고 보니 오늘 같은 봄날에 갑자기 몰려오던 깜깜한 구름과 거친 비바람이 불어야 하는 것은 자연의 이치인 것 같다. 봄이 다 오도록 차마 떨어뜨리지 못한 열매들을 세찬 손길로 흔들어 떨어뜨려준 바람에게 오히려 감사할 일이 아닌지 모르겠다. 봄이면 잔정머리 없이 불던 꽃샘잎샘 바람에게도 그만한 소임이 있었구나 생각하니 오후 내내 얄밉게 느껴지던 비바람에 오히려 고마움이 일고, 바람에 두들겨 맞아 짠하게 보이던 것들이 도리어 기특하게 보인다.

찬란한 봄을 맞으려면 찬비 몇 바탕 뿌리고 찬바람 몇 차례 불어야 한다는 걸 새삼스레 떠올린다. 사월에 느닷없는 폭설이 내리기도 한다. 시련의 아픔이 있어야 사랑이 여물듯 올해도 아름찬 봄이 열리겠다. 묵은 열매 떨어졌으니 새 잎이 돋을 것이다. 그 자리에 더불어 꽃이 피고 새 열매가 맺히겠지.

비 그치고 하늘이 떠들자 공원에 사람들이 하나 둘 거닐기 시작하고, 솜사탕 장수도 수레에 갈무리했던 짐을 다시 열고, 접었던 파라솔을 편다. 언제 비가 왔냐는 듯 연못에 석양이 길게 눕고, 늦게 핀 목련들이 더욱 환하게 빛을 낸다. 오리, 물닭, 원앙도 부지런히 노닌다. 일찍 물오른 나무들은 제각각 봄의 색깔로 공원을 꾸민다. 동지가 지나자 점점 길어진 해가 서녘 하늘에 머물러 연못을 비춘다. 봄 물결이 새롭게 반짝인다.

새의 날개를 달고

어둠이 채 가시기 전부터 마음을 꾸렸다. 어젯밤 빗소리에 잠을 뒤척이다가 "그래, 내일 아침 동이 트면 나서자. 늘 새 아침이 오는 걸 듣보기하고 싶어 했는걸." 혼잣말로 중얼거린다. 모처럼 아침밥을 하지 않아도 되는 소소한 일이 이렇게 홀가분하고 여유롭다니.

창문을 열자 새소리가 싱그럽다. 새들은 어떻게 시간을 알지? 새들이 빛을 부르는 듯한 그 맑은 소리를 지저귀면 아침이 온다. 작은 새들의 지저귐이 멎고 일찍 일어난 백로 대여섯 마리가 아파트 벽을 비켜 허공에 만든 길을 따라 날아간다. 백로의 느긋한 날갯짓을 보며 나도 따라 꿈틀 날개를 친다.

비 온 다음 날 초여름 아침, 기다란 골목길이 말끔한 민낯이다. 한창 꽃을 피우고 있는 산딸나무의 하얀 포엽苞葉이 흰 새의 날개처럼 눈부시다. 아직 거리는 잠에서 깨지 않았고 가게들도 문이 잠긴 채 새벽 단잠에 취해 있다. 바람 한줄기 돋을볕 한 가닥 나풀나풀 초록 잎사귀에 뒤척이자 간밤에 오래도록 불 밝혔을 거리의 고단함이 기지개를 켠다.

새의 날갯짓인 양 살랑살랑 옷자락을 팔랑이며 덕진연못에 이른다. 집에서 빠른 걸음으로 반시간 남짓한 거리. 가방을 꾸려 멀리 가야만 여행인가. 여럿이 떼를 지어 떠나야만 여행인가. 나는 오늘 가장 편안한 차림으로, 날아갈 듯 가벼운 마음으로, 내가 나서고 싶은 첫새벽에 집을 나선 것이다. 홀로, 내 안의 나와 손잡고 가깝지만 먼 길을 떠난 것이다.

삼만여 평의 덕진연못은 오래된 친구처럼 임의로운 곳이다. 이른 시간이라 갓 맑은 공기와 낭랑한 새소리만 가득할 거라 생각했는데 연못 주변은 벌써 부지런한 사람들이 와 있다. 눈인사도 나누지 않았지만 낯설게 느껴지지 않는 그들과 더불어 천천히 걷는다.

아직 일러 연꽃은 피지 않았으나 드넓은 연못은 어느새 수면 가득 자잘한 연잎으로 덮여 있다. 바람결에 다가오는 연향이 나도 모르게 걸음을 멈추게 한다. 눈을 감고 살며시 숨을 들이쉰다. 이보다 더 좋은 향기가 있을까. 둘러봐도 보이지 않는 향기가 오는 듯 멀어지고 멀어진 듯 다시 스쳐가곤 한다. 연향은 꽃에서만 나는 게 아니다. 연잎이 돋는 오월이면 연지에는 벌써 연향이 솔솔 피어나기 시작한다.

지금은 수면을 덮고 있는 작은 연잎이지만 단오쯤이면 기세당당하게 물위로 줄기를 키워 무성한 연의 숲을 이룬다. 그리고는 겹겹의 그리움을 다소곳이 오므려 안고 분홍빛 촛불을 켜듯 봉긋봉긋 봉오리가 솟는다. 꽃봉오리 속에 꽃심인 양 연두색 연밥을 안고 피는 그 아름다운 자태를 어찌 말로 다하랴. 수백만 송이 연꽃이 찬란하게 필 때면 전국에서 찾아오는 사람들로 덕진공원이 가득 붐빈다. 분수와 음악이 흐르는 야경 또한 볼거리로 손색이 없다. 연향은 밤이 되면 더욱 은은하게 퍼져 가슴을 설레게 한다.

벤치에 앉아 느긋하게 연못을 둘러본다. 연못가를 휘돌아 큰 돌 틈틈이 노랑꽃창포가 환히 피었다. 말갛고 선명한 노란색이 가까이 볼수록 곱다. 부들도 벌써 나긋나긋한 긴 잎이 모닥모닥 무리를 이뤘다. 연잎 사이로 오리들이 오락가락 노닐고, 쇠물닭이 물속으로 쏘옥 들어갔다가 저만치서 불쑥 올라온다. 논병아리도 새끼 칠 자리를 다듬는지 부지런을 떨고, 왜가리 의젓하게 서 있는 위로 백로가 유유히 날아간다. 숲에서는 이름 모를 새들이 쉼 없이 초여름을 노래하고 호숫가에 죽 서 있는 오리배들은 호수 위로 날아갈 시간을 기다린다.

물과 꽃과 새와 나무, 정자와 다리, 시비詩碑와 오래된 추억이 머무는 덕진연못은 오래 머물러도 지루하지 않다. 봄, 여름, 가을, 겨울 어느 철이나 볼품이 있고 비 오는 날이나 눈 오는 날, 바람 부는 날, 어느 때 와도 좋다. 도심 한가운데 이만한 곳이 있다는 것은 전주의 복이다.

정자 한켠에 앉았다가, 연못가 돌팍에 앉았다가, 출렁출렁 현수교를 걷기도 하면서 실컷 해찰하며 홀로 여유를 누리는 맛이 쏠쏠하다. 묵은 나무들이 휘어지고 늘어진 곳에서 물총새 한 마리가 쏜살같이 날아와 연못 가운데 말뚝에 앉는다. 햇빛에 반짝 빛나는 푸른 빛깔이 어찌나 고운지 한참이나 서서 또 날기를 기다렸지만 물총새는 미동도 않고 물만 응시한다.

갈대가 쑥쑥 키를 키우는 나무다리를 건너 가까이에 있는 전라북도문학관으로 향한다. 말쑥한 집들이 즐비한 호반촌 골목은 길을 잃고 헤매도 좋은 곳이다. 담 너머로 철따라 피는 꽃구경을 하고 가을이면 주홍색 감들이 주렁주렁 열린 풍경도 볼만하다. 마당에 꽃들이 한창일 때는 대문을 활짝 열어두고 길손들에게 꽃구경을 하게 하는 집도 더러 있다. 문학관을 관람하고, 《혼불》 작가 최명희 선생 묘소에 들러 인사드린 후 오석에 새긴 명문장들을 읽는다.

단풍나무 숲을 내려와 대지마을 골목길을 지나 복숭아밭 가운뎃길을 서나서나 걷는다. 붉은머리오목눈이가 모여 사는 덤불숲을 지나갈 때는 나도 새가슴이 되어 팔딱거리며 두근댄다.

작은 새들이 떼 지어 몰려다니는 모습이 마치 조그만 나뭇잎이 바람에 날리는 것 같다. "비비비비 비비비비……." 덤불을 스치는 듯한 작은 새소리는 언제 들어도 기분 좋은 꿈결 같다. 사랑스럽다. 오송제가 보일락 말락 하는 산길을 두고 한국소리문화의전당으로 가서 웅장하고 아름다운 공연장과 잘 가꿔진 조경수들을 구경한다. 길목에 선 왕버들나무 군락을 둘러본다. 이 나무는 이른 봄 제 몸에 물이 오를 무렵부터 온몸으로 풋풋한 향기를 품어낸다. 나무 사잇길로 지나칠 때마다 저절로 코가 벌렁거려진다. 속까지 시원한 향내다.

전주 이씨 시조 이한의 묘역인 조경단으로 가는 길목. 꽃과 나무가 우거진 곳에 내가 좋아하는 '鳶飛魚躍언비어약'이라는 웅장한 비석이 있다. '솔개는 하늘을 날고 물고기는 연못에서 논다.'는 이삼만 선생의 명필 앞에 서서 그분을 생각한다. 조경단 앞을 지나 건지산 숲길을 걸어 집으로 돌아오는 길. 쉬엄쉬엄 걸었지만 제법 노작지근하다. 숲속 상큼한 공기를 마시니 기분은 상쾌하다. 새들도 하루를 마무리하는지 떠들썩하게 석양을 노래한다. 해가 긴 철이어서 오달진 오늘 하루. 나도 집으로 돌아와 조용히 날개를 접는다.

코밑의 가로

입은 탯줄이 끊겨지는 순간부터 생명줄이다. 갓난아기는 탯줄로 이어져 공급받던 어머니의 영양분 대신 입으로 젖을 먹어야 하고 밥을 먹어야 살 수 있기 때문이다.

그런데, 왜, 하필 밥을 먹는 소중한 입으로 말까지 하는 걸까?

그것은, 생명을 위해 먹어야 사는 것처럼 입을 통해 하는 말의 중요함을 일깨워주기 위한 것이 아닐까. 사람이 하루에 구사하는 단어가 남자는 약 25,000단어, 여자는 약 30,000단어이며 연간 하는 말을 모은다면 400쪽짜리 책 132권 분량이란다. 사람은 엄청나게 많은 말을 하며 인생을 살아간다. 글보다도 앞선 언어로 노래하고 생각을 표출하고 고백과 청원을 하며 사랑의 대화를 나눌 수 있다. 입이 있으나 말을 하지 못하게 한다면 얼마나 힘들까.

입안에 들어있는 말言은 말斗로 퍼낸다 해도 줄지 않는다. 말의 힘 또한 놀랄 만치 강하다. 또한 날카로운 칼과 같아 상처를 내기도 하고 때로는 목숨을 앗기도 한다. 웃고 울고 분노하고 슬퍼하며 작은 입으로 쉽게 내뱉는 게 말이지만 말은 이루지 못하는 것이 없다. 천축여행이 하룻길이며 말 한 마디로 천 냥 빚도 갚는단다.

말은 생명체다. 만의 얼굴을 갖고서 살아 꿈틀거리고 날개를 달았으며 말馬처럼 뛰어 지축을 흔들기도 한다. 그뿐만이 아니다. 말에는 씨앗이 있어 싹을 틔우고 무성하게 자라기도 한다. 잘 가꾸면 어여쁜 꽃을 피우고 실한 열매를 맺지만 반면에 돌보지 않는 말은 가시덤불이거나 해악의 뿌리가 될 수도 있다. 그렇다고 입을 막고 살 수 없으니 말이 입 밖에 나가기 전에 조심, 조심할 일이다. 하지만 그게 쉽다면 어찌 입을 가리켜 재앙의 문이라 했겠는가. 오죽하면 '차라리 밑 빠진 항아리는 막을 수 있을지언정 코밑에 가로 놓인 것은 막기 어렵다' 하였겠는가.

듣기를 배로 하고 말하기를 반으로 줄여야지 하는 생각을 늘 하는데도 '코밑의 가로'는 때때로 경망스러워 탈을 자초할 때가 있다. 말을 주절거려 무식이 탄로나고, 말을 서둘러 앞세우다가 도리어 꼴찌가 되는 경우도 있다. 가만히 있으면 중간이라도 간다는 말이 딱 맞는 말이다.

그렇다고 말을 전혀 안 하고 살 수는 없다. 침묵은 금이라고 하지만 지나치게 말이 뜸하면 상대에게 중압감을 주게 된다. 말없이 거드름을 피우는 사람 앞에서는 저절로 뜨악하게 된다. 또 말도 않고 고집을 부리는 찌락소 같은 사람은 보는 이의 애통을 터지게 한다. 그럴 테면 차라리 촐랑대는 편이 나을지도 모르겠다. 할말, 못 할말을 가리지 못하고 나오는 대로 씨부렁대는 사람을 두고 사돈댁에 데려갈까 무섭다고 한다. 말을 본데없이 씀벅씀벅한다면 실수하기 마땅하기에 생긴 말이다.

실언을 하지 않으려면 생각을 앞세워야 한다. 단시일에 삼십여 미터까지 자라는 대나무는 키에 비해 굵기는 아주 가늘다. 대나무가 길고 가늘지만 단단한 것은 마디가 있기 때문이다. 사람살이에도 마디가 있어야만 휘어지거나 꺾이지 않는다. 말을 할 때도 대나무처럼 마디를 만들면 어떨까. 생각을 마디삼아 옹글린다면 진지한 말이 되고 한마디 한마디가 옹골차지 않을까. 말에 자제력이 실릴 때 듬직한 말이 된다. 내뱉듯 툭 던지는 차가운 말에는 냉기가 서리고 살기마저 돈다. 냉랭하게 말을 함으로써 자신의 기세는 세울지 몰라도 그 말 앞에 선 사람은 분노하거나 주눅이 들게 된다. 하고많은 일 중에 말로 원수를 사는 것은 차마 해선 안 될 일이다. 옹골차게 말 한마디 못한다고 등신이란 소리를 들은 적도 있다. 내 실속 다 챙겨 하고 싶은 말 몽땅 지껄인다면 듣는 쪽이 괴로울 것 같아 하고 싶은 말을 꿀컥 삼킬 때가 더러 있다.

일생 동안 아름다운 말만 하며 살고 싶은 것은 사람마다 소망일 것이다. 믿음직한 말, 행동과 일치하는 말, 책임을 질 수 있는 말을 진실과 정성이 깃든 부드러운 말씨로 표현한다면 세상이 좀더 환해질 거라는 생각이다. 그런 긍정적인 말이야 참을 필요 없이 많이 할수록 좋을 것이다.

말은 부메랑처럼 제자리로 되돌아오는 특성을 가지고 있다. 되돌아오는 말에 가슴이 찔리지 않도록 조심해야 한다. 말은 혼자 지껄이는 게 아니라서 조심하려 해도 나도 모르게 하는 수가 있다. 한번 내뱉은 말은 주워 담을 수가 없으니 두고두고 복작거리거나 골칫거리가 되기도 한다. 남의 마음에 아프게 남는 말을 삼가겠다고 곧잘 다짐하지만 때론 툭 던지듯 튀어나가기도 한다. 남에게 좋은 말을 하면 내 마음도 좋아지는 것을.

열두세 살 적, 《명심보감》 '성심편'을 공부할 때였다. 훈장님께서 "코밑에 가로질러 있는 것이 점잖지 못하면 재앙이 따른다." 하시며 코밑의 가로를 조심하라 이르셨다. 학동들은 서로의 입을 손가락질하며 킥킥거리다가 훈장님의 호령을 듣고서야 멈추었다. 오래도록 '코밑의 가로'라는 말을 생각만 해도 낄낄거렸으니 그렇게 좋은 글귀를 제대로 배웠을 리 만무하다. 정숙하게 새기기는커녕 장난스럽게 킥킥대고 말았으니.

제우스의 사랑을 받던 에코는 말이 많아 제우스의 기분을 상하게 했다. 헤라의 저주로 말하는 기능을 상실하고 누가 말하면 끝음절만 따라 하는 메아리가 되었다. 말이 지나치거나 말로써 누군가의 기분을 상하게 한다면 충분히 안타까운 메아리가 되어 돌아올 수도 있겠다.

오늘 신부님이 강론 중에 이런 말씀을 하셨다. 어떤 사람이 꿈에 단테처럼 천국을 여행하는데 어느 방에 혓바닥만 가득 놓여 있었다. 놀라 하느님께 여쭈니 그것들은 말로는 착한 일을 열심히 하였지만 말을 행동으로 옮기지 않았기 때문이란다. 착한 혀는 천당에, 나쁜 일을 일삼은 몸뚱이는 지옥 불에 떨어져 고통을 받는다고 한다. 오싹 한기가 느껴질 만큼 두려웠다. 말과 행실이 각각일 때가 얼마나 많았던가.

밑 빠진 항아리보다 막기 어렵다는 '코밑의 가로'를 만져 보며 성찰에 젖는다.

산길 따라 물길 따라

고향! 고향은 어머니의 품처럼 포근한 안식처다. 고향이라는 말 속에는 왠지 애틋한 그리움이 담겨 있고 고향이라는 말만 들어도 괜스레 눈물이 핑그르르 도는 애잔함이 숨어 있다. 그러면서 늘 마음속에서 떠나지 않는 곳이 고향이다.

그러기에 명절이면 교통대란이 일어날 만큼 많은 사람들이 고향을 찾고, 여우 같은 짐승도 죽을 때가 되면 머리를 고향 쪽으로 향한다고 하지 않는가. 노무현 전 대통령은 청와대 생활을 마치자마자 고향 봉하로 귀향하여 보는 이들이 편안함을 느꼈다. 중국인들의 귀성 행렬도 놀랄 만하다.

나의 고향은 임실 운암이다. 섬진강 최상류로 옥정호를 안고 있다. 다행히 멀지 않은 곳이어서 자주 가는 편인데도 이런저런 구실을 삼아 늘 찾아가고 싶은 곳이다. 어느 때 어떤 모습으로 갈지라도 한결같이 정겨운 모습으로 반겨주는 고향이다.

마른장마로 옥정호의 물이 많이 줄었다는 소식을 듣자 궁금하여 길을 나서 칠보 쪽으로 향했다. 강진면 옥정리에서 칠보면 시산리에 위치한 칠보수력발전소까지 이어지는 약 6.2km의 압력수로를 바라보며 구절재를 넘어 정읍 산외면 능교, 황토리를 지나 옥정호를 따라 굽이굽이 돌고 도는 길이 그림처럼 아름답다. 잠깐씩 차에서 내려 숲이 우거진 오솔길을 걷기도 하고 마을 정자에 앉아 따갑게 내리쬐는 햇볕을 피하기도 하면서 옥정호의 풍광을 구경한다면 감탄을 하지 않고는 못 배긴다. 옥정호를 앞에 두고 한여름 한낮 더위에 조는 듯 앉아 있는 마을들.

섬진댐은 임실군 강진면 용수리에 있다. 오늘은 댐도 더위에 지쳤는지 15개의 수문을 한 개도 열지 않은 채 누런 시멘트 색깔의 거대한 몸으로 땡볕을 받고 서 있다. 댐에서 2km 남짓한 곳에 1925년에 건설한 옛 댐이 있는데 언젠가 몹시 가물어 옥정호가 실개천처럼 되었을 때 그 모습을 드러낸 적이 있었다. 올 가뭄은 그에 비하면 아무것도 아닌 셈이다. 그렇거나 저렇거나 섬진댐은 1965년에 준공된 후 수력발전은 물론이고 지금까지 금만평야의 젖줄이며 상수원으로 최상의 가치를 다하고 있으며 뭐니 뭐니 해도 그 빼어난 풍광으로 세사에 시달리는 사람들의 휴식처로 칭송을 받는다.

강진에서 밤재를 넘어 운암으로 들어선다. 천지사방을 둘러보아도 나무랄 데 없이 좋은 경치. 내 고향 운암은 천혜의 절경이다. 운암雲巖은 하늘 아래 구름과 땅 위의 바위가 어우러진 곳이다. 옛날, 옥정호가 생기기 전부터 골이 깊어선지 구름이나 안개가 많았나 보다. 아니면 선견지명이 있어 땅이름을 그리 지었는지, 구름과 바위를 즐길 줄 아는 멋진 조상들이 많았는지, 백운白雲리, 운정雲井리, 수암, 수방, 금시내, 청운, 센바우, 독바우, 기암리, 쌍암리와 같은 그와 관련된 이름들이 많다.

운암대교 주변에는 저런 곳에서 살아봤으면 하는 멋진 집들이 많고 많다. 수려한 경관은 물론 청정 고향 맛을 느끼게 하는 민물고기 요리와 옛 추억을 끌어내는 국수와 찐빵, 멋진 레스토랑의 음식까지 먹거리도 풍성하다. 마암리와 운정리 사이 운암대교는 국내 최초의 받침대 없는 교량으로 운암과 순창을 이어준다. 다리와 주변의 소나무가 조화를 이룬 모습은 요샛말로 끝내준다. 막은댐이 부근에 대교가 새로 가설되고 있지만 운암대교의 인기는 여전할 것이다.

신록은 푸르고 맑은 하늘에 뭉게구름이 환상처럼 떠 있는데 산과 물과 길이 더없이 아름다운 호숫가를 달리는 기분, 그야말로 "와우! 짱이다."라고 말하는 옆사람마저 따라 예쁘다. 거리거리 멈춰서 보고 싶은 경관들이 수두룩한 곳. 길 따라 들어가면 또 다른 얼굴로 반기는 마을들. 물 건너 월면리 쪽까지 가보면 더욱 놀랄 수밖에 없는 풍경들. 남들이 붕어섬이라고 부르는 '나의 섬'이 반긴다. 고향이 준 선물, '나의 섬'은 내가 아는 많은 사람들이 자기의 섬이라고 부른다. "저 섬이 말이야, 나의 섬이야."라고 하면서 잠시나마 아름다운 섬의 주인이 된다.

입석리가 보이는 내리막에서 오른쪽 구암산장 쪽으로 내려선다. 숲길을 지나면 저만큼 언덕 위에 망향의 동산이 보인다. 올해 들어 조성한 망향동산. 고향을 물속에 빼앗긴 지 40년이 훌쩍 넘은 지금에야 비로소 가슴에 서리서리 쌓인 망향의 한을 달래려나 보다. 오른쪽에 펼쳐지는 독재 주변 경치에 마음을 빼앗기고 걷다 보면 조그마한 언덕 끝에 망향비가 서 있다. 큰 탑은 생명의 물방울이 똑똑 떨어져 돌그릇에 받쳐지는 걸 상징한 작품으로 옥정호의 의미를 말하며 작은 탑엔 '생명의 물이 되어'라는 글귀가 큰 뜻을 품고 있다.

그리고 그 옆엔 〈사라진 흔적 가슴에 새기며*〉 라는 망향의 시비가 있다. 이 고장 수몰민의 후예가 지은 시로 까마득한 옛날 조상님들의 얼과 혼이 서리고 부모님의 젊은 날과 우리들의 어린 날이 살아 있는 고향 마을이 속수무책으로 물속에 잠겨야 하는 모습을 통해 희로애락 함께하던 이웃들과 뿔뿔이 흩어져야 하는 아픔이 담겨 있다. "설움은 삼켜도 하염없이 흐르는 눈물을 멈출 수 없었다."는 대목이 그 아픔을 말해 준다. 그러나 그 세월은 가고 그림 같던 고향, 꿈결 같은 추억은 그리움을 담아 잃은 듯 새로이 태어났다고 말한다. 옛날의 운암강을 그러안아 옥정호가 탄생하고 외안날 물안개가 피어올라 선경을 이룬 곳에 상서로운 오색구름이 날아드니 운암의 새 날을 말하고 있다. 고향을 잃은 서러움일랑 희망의 푸른 물에 묻어 두고 실향의 아픔도 망향의 애틋함도 고이 접어가면서 한 세월은 가고 그들의 이야기는 온 산천에 새겨져 유구한 세월을 이어가리라고 얘기한다.

많은 사람들이 자의든 타의든 고향을 떠나와 객지에 터를 잡아 살아가고 있다. 운암 사람들이야말로 뭣 모르고 쫓겨나다시피 고향을 떠나야만 했다. 고향은 물속에 두고 산자락에 올라앉아 상수원 보호구역에 얽매어 살던 사람들이 또 터전을 옮겨야만 했다. 평생에 두 번이나 고향을 잃어야 하는 사람들의 심중을 헤아릴 만하다.

불현듯 찾아와 속마음 풀어놓을 수 있는 고향이 있어 큰 복이다. 전국 각지에서 찾아오는 사람들도 만족해하는 우리 고향의 민물고기매운탕으로 저녁식사를 한 다음 팔각정에 올라 호수에 떨어지는 별빛을 주우며 큰 소리로 고향 노래나 불러볼까.

---

* 망향시 〈사라진 흔적 가슴에 새기며〉는 임실군이 공모하고, 당시 수몰민이었던 필자가 응모를 하여 당선이 된 시이다.

꽃살문 연지

나한전 현판 아래 꽃살문 두 짝은 동물과 연꽃이 가득한 아름다운 연못이다. 왼쪽과 오른쪽 꽃살문 네 짝도 아름답긴 매한가지다. 나는 그 가운데서도 배흘림기둥을 양옆에 든든히 세우고 포근히 햇살을 안고 있는 가운데 두 짝 꽃살문에 마음을 빼앗기고 말았다. 시간 가는 줄도 모르고 있었으니. 일행들이 끌어당길 때에야 그곳에서의 시간이 지체되었다는 걸 알았다. 그 시간 이후 나는 '꽃살문 연못에 빠진 여인'이 되고 말았다.

이 꽃살문은 영주 성혈사 나한전 출입문이다. 나무의 빛깔이 바래고 나뭇결이 물결인 듯 벌어져 세월의 흐름을 말해 주고 있는 오래된 문이다. 나무 문짝에 여러 가지 문양을 새겨 만든 은은하고도 아름다운 문짝들. 문양마다 왠지 깊은 의미가 배어 있을 것만 같은, 오묘한 멋이 풍겨나는 문이다.

연꽃과 연 줄기, 연잎이 무성한 연못에서 연잎 배를 타고 있는 동자가 가장 먼저 눈에 들어왔다. 아주 편안하게 앉아 노를 젓고 있는 동자. 연잎이 조각배만큼 넓은지 동자가 주먹만큼 작은지 짐작할 수는 없지만 가운데 있지 않고 한쪽 가에 있어 더욱 한가로워 보이는 걸까. 연꽃 위에 살포시 앉아 쉬던 실제 연지의 잠자리마냥 신비롭고 예뻐 보이는 건 왜일까. 부리 긴 백로 두 마리 연향을 쪼며 서 있다. 동자보다도 훨씬 큰 몸집으로 봐서는 두루미일 수도 있겠다. 연잎에 엎드려 묵언수행하는 개구리 앞에는 시간이 흘러간 자국이 크레바스처럼 입을 벌리고 있다. 저 아래엔 아득한 무한의 세상이거나 불교에서 말하는 삼천대천세계가 펼쳐져 있지 않을까. 백두산 금강대협곡을 여행할 때 보았던 광경이 생각나 문살의 좁은 틈을 보고도 오금이 저린다.

그곳은 눈이 쌓인 곳도 아니고 얼음 골짜기도 아니었다. 그냥 맨땅이었다. 땅을 밟고 걷는데 아래를 바라보라는 안내자의 말에 발아래를 내려다보았다. 머리가 핑 돌았다. 아찔했다. 발아래는 겨우 10~15cm 정도의 갈라진 틈이 요리조리 나 있었다. 그보다 좁은 곳도 있다. 그러나 그 틈으로 바라본 땅 아래는 천 길 낭떠러지인 듯 아득했다. 아득히 먼 아래 거기, 그곳에 맑은 물이 흐르는 환한 세상이 있었다. 마치 딴 세상인 듯, 찬란한 매직아이인 듯 풍경이 펼쳐져 있었다. 그렇게 경이롭고 신비로운 풍광이건만 다리가 후들후들 떨리고 내 몸의 모든 기능이 멈춰버린 듯 머리가 막막했다. 발을 떼기는커녕 두 발을 접착제로 붙인 양 거기 딱 붙어버렸다. 앞으로도 뒤로도 움직이지 못한 채 사색이 되어 겨우 그곳을 빠져 나왔다.

문짝의 벌어진 틈새를 보니 아슬아슬했지만 천상의 세계인 듯 환상적이었던 그곳의 기억이 되살아난다. 아, 보고 싶다. 다시 그곳에 가서, 그 아름답고 신비로운 풍광을 좀더 의연하게 즐기고 탐구해 보고 싶다. 꽃살문을 보다가 느닷없이 백두산 금강대협곡이라니. 어서 그곳을 볼 수 있는 그 날이 오기를 고대하는 마음으로 가슴이 벅차오른다.

문짝의 물고기는 시방세계 어느 곳이 이보다 더 살 만하겠냐는 듯 유유하다. 한가롭기 그지없다. 법당에 날마다 꽃꽂이를 한다고 저리 아름답고 은은할까. 시간이 갈수록 고색창연함이 더해가는 꽃살문은 나날이 바치는 최상의 꽃 공양이 아닌가.

오백여 년 세월을 품어 안은 꽃살문은 오늘도 흘러가는 시간을 문짝에 고이 새기고 있을 것이다. 연잎의 잎맥처럼 고고하게 세월을 받아먹는 나뭇결을 따라 틈이 벌어지고 몸이 반쪽으로 갈라져도 동자는 한가로이 무심을 젓고 있을 것이다. 물고기는 한유를 즐기고, 새는 물고기를 입에 물고 행복을 노래하겠지. 그러면서 연꽃은 피고 지고 무수히 많은 연자를 익히고 있을 것이다. 문짝 속 하늘의 구름은 뭉실뭉실 멈춤이 없이 오가겠지.

꽃살문을 새기고 흐뭇하다 했을 반백년 전 장인의 영혼도 이곳을 가끔 와서 자기의 작품을 바라볼까. 흘러가는 시간을 반추하며 무심히 서서 자신의 옛 시절을 흥얼거리고 있을까.

찰나의 세상사 덧없다고 누가 말하는가. 성혈사 나한전 꽃살문은 퇴색하고 곰삭은 나뭇결로 세월의 무게를 덧씌우며 오가는 바람의 역사를 그리고 있다. 세월의 흔적은 출렁출렁 법당의 문짝을 들썩인다. 꽃살문 연못에 무시로 바람결 드나드는데 텅 빈 충만으로 여닫는 나날의 고요한 함성이 차가운 열기를 뿜는다. 오늘도 나한전 문짝은 삼라만상에 귀를 열고 오백 년 역사를 쉼 없이 서각하며 세상사를 노래 부른다.

울 아버지 이름이 뭐지?

60대 초반인 그가 길에서 아버지의 절친한 친구를 만났다. 반가움에 인사를 꾸뻑 드리고 "제가 누구의 여식입니다." 하려는데 아뿔싸, 아버지 함자가 떠오르지 않으니 어찌하랴. 열없이 더듬거리다가 기어이 자신을 밝히지 못하고 말았으니.

집으로 가는 시내버스에서 30여 분 동안 머리를 쥐어짰으나 도저히 자기 아버지 이름을 기억해내지 못했다고 한다. 대문을 박차고 들어서며 "여보, 여보, 울 아버지 이름이 뭐지?" 하고 물었다나. 나는 그게 하도 우스워 누가 건망증 이야기라도 꺼낼라치면 종종 그 이야기를 단골로 내세우곤 했다.

나도 50대가 되기 전부터 건망증이 심했다. 외출에서 돌아와 대문을 열려고 하면 열쇠가 없어 난감했던 적이 한두 번이 아니다. 가방을 다 뒤적거리고 주머니를 뒤져도 나오지 않는 열쇠 때문에 문 앞에 앉아 절망하곤 했다. 열쇠를 집안에 두고 나와 자물쇠를 채웠으니 가족 누군가가 서둘러 집으로 돌아와야 집으로 들어갈 수가 있었다. 그 문제는 번호 키로 바꾸고 나서야 겨우 해결되었다. 번호 키는 설령 번호를 잊는다 해도 곰곰 생각하거나 전화로 물어보면 되니 그나마 다행이다.

집을 나설 때면 전화기나 안경, 그날 일정에 따른 준비물을 전날부터 꼼꼼히 챙겨 가방에 넣어둔다. 도서관 운영위원 회의가 있던 그날도 잘 챙겨 가방에 넣은 다음 출력할 자료가 있어 컴퓨터 책상 옆에 두었다. 그리고는 가방과 파라솔까지 들고 택시를 탔다. 택시비를 꺼내려고 가방을 여는 순간 아차, 나의 실수를 알았다. 출력한다던 자료는 말할 것도 없고 전화기, 손수건, 부채, 지갑까지 든 가방을 두고 다른 가방을 들고 나왔으니 말해 무엇하랴. 땀이 줄줄 흐를 만큼 날씨도 더운데 진땀까지 보태니 온몸이 땀범벅이 되었다. 시간조차 빠듯하여 직원에게 돈을 빌려 택시비부터 해결해야 했다. 지금까지도 잊지 못할 그날의 망연자실이라니.

대개 지난날 기억은 소중하게 여겨진다. 그게 기쁨이면 좋지만 비록 슬픔일지라도 쉬이 잊기를 바라지 않는다. 내 경우 참 안타까운 기억들이 많다. 그러나 지금 생각해도 가슴이 뛸 만큼 기억력이 좋았던 적도 있다. 시험을 볼 때면 시험문제가 교과서 어디쯤에 있었는지 환히 보이는 듯했으며 운전면허 시험이나 한자 1급 시험을 볼 때도 전혀 망설임 없이 척척 답을 쓸 수 있었다. 늦깎이로 대학교 입학시험을 칠 때도 딸 나이쯤의 젊은 또래들을 젖히고 수석으로 입학을 했다. 그 덕에 교수님의 신임을 얻어 교수님의 일을 거들기도 하며 즐겁게 대학 공부를 할 수 있었다.

그러나 그것들은 잊고 싶지 않은 다 지난 이야기일 뿐이다. 지금은 어제 본 영화 제목도 기억이 나지 않을 때가 태반이다. 앎이 곧 기억이었던 적이 있기나 했는지도 모르겠다. 별 걸 다 잊어버리는 바람에 곤혹스런 일투성이어서 이제는 무슨 일에나 책임질 일은 손을 놓으며 살고 있다.

나는 이천여 개 전화번호를 휴대폰에 모두 입력하여 활용한다. 그러나 남편은 단 한 사람도 입력하지 않고 외워서 전화를 건다. 만약 기억이 나지 않으면 메모장에 적어놓은 걸 보고 전화를 한다. 내가 요새 같은 세상에 메모장 펼쳐 전화하는 사람이 어디 있냐고 타박하면 그건 자기의 기억력 떨어지는 걸 막기 위해서라고 당당하다. 그 말이 맞는 말인 듯도 하다.

얼마 전엔 지인의 집에 급히 갈 일이 있었다. 아파트 앞으로 나오라고 해야 하는데 갑자기 전화기가 말썽을 부렸다. 남편의 전화기를 빌렸지만 전화번호를 외울 수 없으니 무슨 소용이 있으랴. 무거운 걸 들고 끙끙대며 다급히 그 집 문을 두드려야만 했다. 남편은 그것 보라며 보란듯이 핀잔을 했다. 사흘이 멀다 하고 하는 전화번호도 외우지 못하니 변명할 여지가 없었다. 문명의 이기로 수월한 삶을 살지만 반면에 잃어가는 것도 있으니 적절한 조화로움이 필요하다.

앞서 말한 사회적으로 유식하기로 인정을 받으며 살던 그의 '우리 아버지 이름이 뭐지?' 이야기는 절대로 잊히지 않는다. 더구나 요즘 들어 걸핏하면 까막까막 잊어먹기 일쑤이다보니 더 자주 그분의 말씀이 생각나곤 한다. 그리고 보니 나도 우리 아버지 휴대폰 번호도 외우질 못한다. 형제들 번호도, 사위들 번호도 외우는 번호가 몇 개 없다. 겨우 딸들과 남편의 전화나 외우고 있는 셈이다. 이러다가는 나도 어느 때, '울 아버지 이름이 뭐냐'고 울먹일지도 모를 일이다.

02

타래난초가 말했어요

타래난초가 사는 곳은 주로 숲속 묏자리 주변이다. 묏자리는 지금이야 스스럼없이 다가가는 곳이지만 어렸을 적엔 왠지 무서워 조마조마하던 곳이었다.

뒷동산에 있던 부잣집 산소는 널찍하여 아이들의 놀이터가 되기도 했다. 그렇지만 나는 그곳에 잘 가지 못했다. 남자애들이 전쟁놀이 같은 거친 놀이를 했기 때문이기도 했지만 그보다는 무덤이 볼록볼록 솟아 있고 돌꽃이 핀 거무튀튀한 비석이 여기저기 세워져 있어 무서움이 앞섰기 때문이다.

그러던 내가 무덤가를 찾게 된 건 타래난초를 좋아하면서부터다. 무덤가에는 내가 보고 싶어 하는 야생화들이 많이 살고 있다. 야생화들은 햇빛과 바람을 무척 좋아한다. 그러나 들에는 농작물이 자라고 숲에는 나무들이 자라고 있으니 햇빛 잘 들고 바람 잘 통하는 곳으로 묘지만 한 곳이 있을까.

무덤이 있는 곳이면 그런 생육조건이 맞는 덕에 그곳에는 온갖 식물이 모여 살고 있다. 봄이면 꿀풀, 솜방망이, 산자고, 양지꽃과 같은 꽃들이 예쁘게 피어나고 각시붓꽃, 조개나물, 솜나물, 애기별꽃, 구슬붕이, 제비꽃, 타래난초까지 다투어 핀다. 그뿐인가. 고사리나 아까시나무 같은 원치 않는 식물들까지 묘지에 살기를 바란다. 그만큼 살기 좋은 환경이기에 그렇다.

그 가운데서도 타래난초는 눈에 잘 띄지 않는 풀꽃이라서 묘지에서도 만나기는 쉽지 않다. 무덤가에 산다고 해도 묘소를 잘 관리하는 집안일수록 타래난초가 살기에는 위험하기 짝이 없다. 한식날이면 온 가족이 모여 잔디 아닌 모든 풀들을 뽑아내고, 추석이면 어김없이 벌초를 하기 때문에 어쩜 묘소는 식물들에게 가장 위태로운 삶터일지도 모른다. 그러니 지천으로 널린 들꽃이지만 때 가려 만나기가 어려운 것이다. 어쩌다 풀밭을 헤매다가 눈에 띄면 보고, 보고, 또 보고 하는 귀한 난초과 식물이다. 어렵게 타래난초를 만나면 시간을 접고 나를 잊은 채 그저 멍하니 앉아 오래오래 들여다본다.

타래난초는 가늘고 여린 외대 줄기로 하늘을 향해 길을 내고 연초록으로 제 키만큼의 줄기를 세우며 창공을 올라간다. 오로지 꽃을 피워 꽃길을 내기 위한 수직 상승이다. 그리고 때를 맞춰 꽃분홍색 꽃을 피운다. 참깨 꽃을 닮은 듯한 작은 꽃이다. 이 풀꽃이 그냥 마구잡이로 핀다면 뭐가 그리 신비로울까. 무엇하러 그리 자세히 바라다볼까.

타래난초는 그 가느다란 줄기에 촘촘히 꽃을 달아 아래서부터 차례차례 피운다. 빙글빙글 돌아가며 꽃송이가 달려서 타래난초라는 이름도 붙었다. 이 풀꽃이 만약 빙빙 돌며 피지 않고 일직선으로 꽃송이를 달았다면 아니 반절은 왼쪽, 반절은 오른쪽에 피운다면 꺾어지거나 휘어지고 말 것이다.

할머니는 맏손녀인 내 양손에 실타래를 잡히고 실을 감곤 하셨다. 왼손에 실꾸리를 들고 오른손으로 살 가닥을 잡고서 마치 가락을 맞추듯 실을 감으셨다. 솜씨 좋은 할머니의 실꾸리는 들고나는 데 하나 없이 고왔다. 흥얼흥얼 노래를 부르기도 하고 눈을 감고도 기계처럼 잘 감으셨다. 어쩌다 여린 팔목에 힘이 부치면 내가 잡고 있던 실타래를 놓치기도 했다. 할머니가 엉겁결에 놓친 실꾸리가 방바닥을 구르고 내 손을 빠져나간 실타래는 헝클어져 엉망이 되었다. 뒤엉켜진 실타래는 쉽게 풀리지 않아 할머니를 힘들게 했다. 엉킨 실타래는 마구 잡아당기면 당길수록 미늘에 걸린 물고기마냥 풀려 나갈 수가 없다. 그렇다고 엉킨 부분을 싹둑 잘라도 엉킴이 풀리기는커녕 실타래는 더 깊이 홀쳐지고 만다.

사람과 사람의 관계도 그런 것 같다. 서로에게 욕심을 부리거나 분노를 느끼게 되면 어느새 감정은 얽히고설키게 된다. 부부 사이의 불협화음도 마찬가지다. 마음이 꼬이기 시작하면 끝없이 오해가 쌓인다. 꼬인 실타래같이 마음도 비비꼬인다. 그럴 땐 양손에 실타래를 걸치고 살폿살폿 돌려주며 실오리를 풀어주듯 마음을 온화하게 갖고 살살 화를 녹이며 풀어야 한다. 결코 수월치 않은 일이긴 하다.

요즘 나도 어떤 사람과 풀지 못한 감정이 있어 내가 나를 괴롭힌다. 핑계 같지만 사람과의 감정은 상대적이기 때문에 잊은 듯 가라앉았다가도 생각하면 울컥 분노가 치솟아 때때로 괴로워지곤 한다. 오늘 문득 타래난초에게 부끄러워진다.

타래난초가 꽃을 빙빙 돌아가며 피우는 데는 본능적 지혜로움이 있어서이다. 소라나 고동의 껍데기가 밋밋하다면 그처럼 단단할 수 없다. 대나무에도 마디가 있기 때문에 가는 몸으로도 큰 키를 주체할 수 있다. 높은 산을 오를 때에도 직선으로 곧바로 걷는 것보다 스크루처럼 뱅뱅 돌거나 지그재그로 오르면 힘이 덜 들고 훨씬 수월하다. 우주의 중심을 지탱해 주고 있는 것도 나선형 소용돌이 덕분이라고 한다. 그러듯이 타래난초는 나선형으로 빙글빙글한 모양이어서 그만큼 견고함을 얻는 것이다.

도대체 저 여리디여린 풀꽃 타래난초가 이 엄청난 이치를 어떻게 알고 저렇듯 의연하게 빙빙 돌아가며 꽃을 피워 가늘고 큰 키를 지탱하며 사는지. 덩치는 수십 배로 크고 만물의 영장이라는 나는 어찌 저만한 지혜와 슬기로움이 없는 것일까. 마음을 동글동글 굴리지 못하고 복작복작 화를 끓이며 사는가. 버럭 화를 내고 부글부글 속을 썩이는 것은 저 가녀린 풀꽃 타래난초만도 못하다는 것이다.

타래난초가 나선형으로 꽃을 피우는 이유 가운데 하나는 서로를 위한 배려심이다. 가는 줄기를 짱짱하게 세우기 위함도 있지만 꽃을 다닥다닥 피우니 햇빛을 고루 받을 수 있도록 하려는 것이고 또 한편으론 벌 · 나비의 쉬운 접근을 위해 그리 꽃을 돌려 피우는 거라고 하니 놀랍다. 감동스럽다.

세상에, 한낱 풀일 뿐인데 대견스럽게도 만물의 영장, 호모사피엔스인 나보다 지혜로움과 이타정신이 깊다니. 갑자기 정신이 번쩍 든다.

타래난초가 "실을 사리듯 마음을 둥글둥글 사려 담으세요." 분홍빛 웃음으로 일러준다.

별탑

건성건성 볼 때는 밤하늘 같은 깜깜한 세상이었다. 어느 날 자세히 들여다본 코스모스에 그 많은 별이 들어있다니, 숨이 멎는 듯했다. 꽃송이 안에는 밤하늘만큼이나 크고 작은 별들이 모여 있다. 꽃술마다 옹기종기 빛나는 별꽃이다.

"어머나, 여기, 별천지였네." 나도 모르게 중얼거렸다. 그렇게 코스모스는 나에게 새로운 세상을 일깨웠다. 그 후론 코스모스를 만나면 자세히 들여다보면서 별을 헤며 노래하는 새로운 기쁨이 생겼다. 꽃잎에 싸인 꽃술이 벙글기 전 꽃몽오리가 딱 별 모양이다. 건빵 봉지에 몇 개 들어 있는 별사탕 같은 앙증스러운 모양새다. 그게 피어나 노랑별꽃이 되고 그 씨방에서 길쭉한 씨앗이 생긴다. 씨앗의 머리에는 또 하나씩 노란 별 모양이 올려진 채 별의 기둥이 여물어 드디어 새까만 씨가 된다. 그 까맣고 기다란 씨앗은 밤하늘같이 깜깜한 땅에 묻혀 다시 새로운 코스모스 꽃으로 태어난다. 그 작은 꽃송이 하나에서도 대우주의 섭리와 같은 생성과 소멸이 연속적으로 펼쳐지고 있다.

씨앗 한 알이 새싹을 틔워 동일한 개체의 생명을 탄생시키는 것은 세상을 이어가는 우주의 크나큰 삶의 규율이다. 겨우 일 센티 남짓한 가늘고 까만 씨앗은 코스모스의 한 생과 또 한 생을 잇는 무한한 힘의 터널일까. 가벼이 측량할 수 없는 웜홀일지도 모른다. 생명과 생명이 서로 새롭게 이어지는 것은 어차피 시공간을 딛고 서는 무한한 신비가 아닌가. 알 수 없다는 블랙홀 이전의 과정을 식물 코스모스를 통해 갸웃거려 본다 한들 누가 뭐랄까. 씨앗의 터짐과 초신성의 폭발을 같은 맥락으로 짚어 본다는 것은 나만의 상상놀음일까. 엉뚱한 생각에 보는 이도 없는데 혼자서 가만히 얼굴을 붉힌다.

꽃들을 유심히 살펴보면 코스모스만 별을 품고 있는 건 아니다. 쑥부쟁이나 버들마편초, 해바라기와 같은 천지에 널린 초화류들도 꽃송이 안에 별을 그득그득 품고 있다. 도라지꽃밭에도 하얀 별과 보라 별이 찬란히 빛나는 걸 본다. 백일홍 안에 깃든 별들은 얼마나 또랑또랑한가. 꽃은 왜 별 모양일까? 별은 구형이라는 과학적 사실은 일부러 멀리 두고 짐짓 모른 척, 잊은 척한다. 내가 꽃밭에 서 있을 때면 별밭에 서 있는 것 같다.

꽃밭의 별들이 말없이 찬란하다. 꽃마다 품 가득 별을 안고 별빛처럼 반짝인다. 꽃별인지 별꽃인지. 나도 따라 꽃별이 된다. 별꽃이 된다.

무심코 바라보는 밤하늘도 그렇다. 밤하늘에 그렇게 많은 별들이 있다는 것도 미처 알지 못했다. 별나라에 그 많은 이야기가 있는지도 미처 몰랐다. 나는 언제부터인지 초저녁이나 새벽도 상관없이 기회가 있을 때마다 늘 밤하늘의 별을 탐색하곤 했다. 영롱하거나 흐릿함을 가리지 않으며 푸른 별, 붉은 별, 하얀 별을 가늠하지도 않는다. 저녁이면 몇 번씩 옥상을 오르내리며 별을 본다. 그믐께 새벽이면 동녘 하늘을 밝히는 새벽별을 보겠노라 겨울에도 덧문을 닫지 않는다. 남편의 지청구에도 반박할 여지가 없다. 때로는 별이 수십 광년의 시간을 뚫고 나의 창문을 넘어 들어오기도 한다.

여행지에서도 언제나 그곳의 별을 관찰하는 것이 큰 기쁨이다. 바라는 대로 이루어진다는 말이 있듯이 별 보기를 갈망하는 나에게 행운이 깃든 적이 여러 번 있었다. 고산지역 들꽃 탐사를 하려고 백두산에 여러 번 갔었다. 장백폭포 아래 대우호텔에서 묵을 때였다. 그 여름밤, 호텔 마당의 가로등이 졸음에 들 무렵, 장백폭포가 우레와 같은 소리로 백두산을 들었다 놓았다 하며 골짜기를 구르고 있었다. 우리는 낯선 그곳이 무서워 집밖으로 나가지는 못하고 겨우 뜨락을 건너 담으로 가려진 좁다란 마당에 내려섰다. 깊디깊은 산속에 달랑 호텔 하나 있어서 불빛이라곤 호텔이 켜놓은 것만 있을 뿐, 천지가 어둠뿐이었다.

시간이 흐를수록 칠흑 같은 그 골짜기의 어둠 사이로 백두산의 별들이 쏟아져 내렸다. 온 하늘의 별들이 다 그곳으로 모였는지 세상에서 가장 풍성한 별 밭이 머리 위로 펼쳐졌다. 우리 일행은 금세 백두산 호랑이가 튀어나올 듯한 그곳에서 치켜든 고개를 담장에 기댄 채 수많은 별에 압도당하고 말았다.

백두산은 그렇게 많은 별을 환하게 맞느라 밤이면 그리도 깜깜했나 보다. 우리는 떡가루처럼 흩뿌려진 별무리를 하나둘 헤아리다가 나중에는 한 움큼 한 움큼씩 가슴에 퍼 담았다. 뜬금없이 분단의 아픈 감정까지 보태져 가슴엔 무거운 눈물이 흘러 폭포소리와 뒤엉키고 말았다.

미국 데스밸리에서, 몽골 헨티 지방 오지에서, 우리나라 서해의 무인도에서 만난 별들은 여행 내내 나와 함께했다. 특히 뉴질랜드에서 본 남십자성은 남반구 여행 내내 밤마다 가슴을 콩콩 뛰게 했다.

별은 변화무쌍하지만 나는 마음을 별에 두고 자주 하늘을 바라본다. 그러다보니 별을 만나는 시간이 잦다. 사실 계절 따라, 시간 따라 변하는 별자리를 좇아 하늘바라기 노릇을 하는 것도 쉽지만은 않지만 나에게 별은 하늘이고 우주다.

2020년 12월 21일. 이날은 목성과 토성이 하나로 보인다고 하여 일 년 내내 그날을 손꼽아 기다렸다. 그러나 막상 그날 저녁때가 되자, 구름이 하늘을 덮어버리고 말았다. 며칠 전부터 두 별이 가까워지는 것을 날마다 관찰하며 사진을 찍었지만, 정작 그날 흐놀던 마음은 풀이 죽어 구름 가득 낀 서남쪽 하늘을 바라보며 한동안 울적했다.

우주를 코스모스라고 처음 부른 사람은 기원전 6세기 그리스의 철학자인 피타고라스라고 한다. 피타고라스는 우주를 화음과 선율의 조화로 인식했고 그래서 우주를 '조화로운 질서'라는 뜻의 '코스모스'를 붙였다고 한다. 또한 신은 이 세상을 아름답게 꾸미려고 코스모스 꽃을 만들었다고 한다. 피타고라스는 신의 뜻과 같이 우주를 아름답게 여겼기에 코스모스라고 한 것이 아닐까.

이 세상에 우주만큼 질서정연한 것이 있을까. 상상으로도 가늠할 수 없을 만큼 광활한 우주. 수천억 개의 은하를 거느린 우주에서 천체는 수억 년의 세월을 지탱하며 살아가고 있다. 우리은하의 태양계에서 작디작은 행성인 파란별, 지구 귀퉁이의 먼지보다도 더 작은 존재일 뿐이다. 그렇지만 거대한 우주만큼이나 갖출 건 다 갖춰진 온전한 개체다. 나는 시시때때로 거대한 하늘을 바라보며 수십 광년을 날아오는 별빛에 빠져 시간의 지평을 헤매곤 한다. 그게 크나큰 은총이며 무한한 행복인 것에 감사한다. 오늘도 하늘을 향해 두 손을 모으고 신비로운 우주 만물의 경외로운 섭리에 고개를 숙인다. 이런 날이면 한없이 벅차오르는 전율이 인다.

코스모스는 가녀린 몸에 환한 꽃을 피운다. 바람이 불면 온몸으로 살랑살랑 바람을 비켜선다. 때로는 거센 바람에 쓰러지기도 하지만 줄기를 구부린 채로 다시 고개를 들어 꽃을 피운다. 약하지만 강한 식물이다. 여리고 연약한 것일수록 강철처럼 뚝 부러지지 않는다. 바람이 몰아쳐 오면 옆으로 비켜서기도 하고 잠시 기울었다가 다시 일어나는 유연성이 있다. 추위에 약하니 겨울은 야무진 씨앗으로 거뜬히 나고 봄이면 왕성하게 새싹을 틔운다. 그리하여 여름과 가을을 사람들이 환호할 만큼 찬란히 살아낸다.

피타고라스가 우주를 코스모스라고 부르게 된 것도, 우주가 코스모스 꽃처럼 아름답기를 바랐다는 것도 경이롭다. 그는 이 거대한 우주가 이렇듯 아름답고 신비로울 줄을 미리 알았을까. 그걸 간절히 바라는 마음이었을까. 우주의 한 모서리 좁디좁은 땅 마당귀에 서 있는 작은 나는 이 아름다움에 설레며, 감사하며, 오늘을 산다.

나의 작은 가슴에도 코스모스처럼 별꽃을 피운다. 별꽃으로 차곡차곡 별탑을 쌓는다. 누군가 쓸쓸히 어둔 하늘을 바라보거나 깜깜한 하늘을 향해 푸우 한숨을 쏟아낼 때 그에게로 가서 그의 눅눅한 마음이 환해지도록 은은하게 빛나는 웃음꽃 한 바구니 쏟아줄 수 있다면 얼마나 좋으랴.

코스모스 꽃별처럼.

코스모스 별꽃처럼.

* 우리은하: 지구와 태양계가 속해 있는 은하.

젊음의 자취

그는 그날, 몇 차례나 울먹이곤 했다. 감정이 벅차오르는지 이따금 말소리가 커지고 숨결이 높아지기도 했다. 내가 사진 속에서나 보았던 그 모습, 무용담처럼 말하는 그의 이야기를 들어 짐작했던 곳. 그는 긴 세월 동안 한 번도 잊어본 적이 없었다는 듯 그 날들을 기억하고 있었다.

제대한 지 50여 년이 흘렀는데도 번지수 하나 틀리지 않게 부대 주소를 외우고, 군번이나 총 번호는 물론 몇몇 동기들의 고향도 온전히 꿰고 있었다. 일종계 임무 끝난 지가 언제인데 한 사람분 주식主食과 부식副食의 양과 전 부대원의 한끼 식사량 등등을 낱낱이 기억하고 있다는 게 놀랍다. 자기의 청춘 한 토막을 바쳐서인지, 혈기왕성한 한창 때를 지낸 곳이어서인지, 그는 가끔 그곳을 간절히 그리워했다.

화창한 봄날, 딸들과 사위들과 손녀까지 다 함께 그가 그리워해 온 포천을 찾아갔다. 경기도 포천군 청산면 장탄리 ○○○○부대! 세월이 많이 흘렀는데도 그의 기억에 살아있던 부대는 거기 있었다. 산모퉁이와 오르막, 부대 뒷문에서 마을로 가는 길도 그 자리에 있어 그의 가슴을 들썩거리게 했다. 우리도 덩달아 가슴이 뛰었다. 오래된 부대는 넓은 평지에 단층으로 된 막사였다. 낮은 집들이 여러 줄 나란히 있어 초라할 만큼 수수하다. 빙 둘러친 철망 울타리도 나지막하다.

이렇게 낮은 집, 낮은 울타리에 묶여 3년이란 시간을 꼼짝 못하고 살았을 테지. 그 생활이 얼마나 힘들었으면, 고향이, 부모가 얼마나 그리웠으면 포상휴가로 받은 하루 동안에 포천 끝에서 김제까지 다녀갈 생각을 했을까. 지금처럼 차편이 좋은 것도 아닌 그때, 그는 어찌어찌하여 김제까지 왔는데 하필 어머니가 밭에 가고 집은 비었더라고. 밭에서 일하는 어머니에게 달려가 "어머니, 나 왔어요. 갈게요." 하고 되짚어 내달렸다는 그 이야기는 몇 번을 들어도 코끝이 찡하곤 했다.

변화의 물결이 그곳을 비껴갈 리 없지만 아직도 그곳은 옛날 그대로인 듯하다. 부대에 군인이라곤 보이지 않고 왠지 고적하기만 하다. 그는 유일하게 눈에 띄는 정문지기 군인에게 다가가 한참이나 얘기를 나누었다. 훈련장이 산 너머로 옮겨갔다며 예전의 유격장 터로 향했다. 유격장 터엔 시멘트 기둥 같은 것 말고는 아무것도 없다. 훈련 나온 군인들의 숙소였다는 낮고 허름한 긴 건물은 궤짝을 이어 놓고 문만 달아놓은 것 같은 몰골로 늘어서 있다. 군 시설이 이렇듯 어설프다니. 믿기지 않는다. 강어귀에 서서 "산천의구라더니 한탄강은 아직 그대로 흐르는구나."라며 감회에 젖는 그가 너무나 쓸쓸해 보였다. 패기 넘치던 그때의 젊음은 어디로 가고 칠십대 노인의 모습이라니.

그는 이 부대의, 아니 대한민국의 포병이었다. 매년 여의도에서 열리는 국군의 날 기념식에 뽑혀 나갈 만큼 184cm의 늠름한 청년이었다. 사격은 백발백중이었으며 운동은 축구, 배구 선수로 활약하는 등 날리는 군인이었다. 직접 본 건 아니지만 그의 말과 더불어 사진첩에서 봐온 사실이다. 그러나 그가 자랑처럼 앞세우는 건 그런 것이 아니다. 대장 집에 초대되어 밥을 먹었다거나, 밤 외출을 나가 시간을 넘겨 여장을 하고 들어왔다는 이야기, 민간인들과 친척처럼 지낸 이야기 등을 무용담처럼 내세우는 것을 보면 젊음이 철철 넘치던 그때를 생각하는 것만으로도 기쁨인 듯하다.

그는 옛날을 되돌리기라도 하려는지 서둘러 연천 자살바위로 가잔다. 자살바위라니. 그도 군 생활이 힘들어 자살바위를 찾았을까. 삶을 못 견뎌 뛰어내리는 사람이 더러 있어 자살바위라 한다는데. 제대를 앞두고 한 달 동안 파견근무를 했다는 자살바위는 좌상바위 또는 신선바위라고도 불린다는 거대한 바위산의 검은 절벽이다. 산 아래로 한탄강이 유유히 흐르고 봄 햇살이 찬란한, 풍광 좋은 곳이다. 산꼭대기 바로 아래 초소에서 병장 말년을 보냈노라고 말하는 그의 얼굴이 젊음이라도 되찾은 듯 생기롭게 웃음을 띤다. 다행이다. 이제 막 말을 배워 "하부지, 하부지." 부르며 따르는 손녀를 추켜 안고 사진을 찍는 할아버지. 아버님의 추억이 어린 곳이면 다 돌아보자는 사위들. 그의 젊음이 진 자리에 얼싸절싸 가족이란 열매가 여물어 가고 있다.

포천과 연천을 넘나드는 그곳은 길가나 산 어귀에 고광나무가 자주 눈에 띈다. 때마침 새하얀 꽃이 흐벅지게 피어 눈길을 사로잡는다. 하늘 푸르고, 바람 부드럽고, 꽃 피고, 새 노래하고, 햇살 포근한 이 아름다운 땅. 이와 똑같은 바로 저 너머에 우리의 겨레, 우리의 형제들이 머물러 사는데, 우리는 어쩌자고 서로를 원수로 겨냥하고 사는지.

국군아저씨께 위문편지를 쓰던 어린 소녀는 나이가 들어가면서 누이의 마음으로, 어머니의 심정으로 군인을 바라본다. 텔레비전에서 고통스럽게 훈련받는 모습이나 어이없이 사고를 당하는 것을 보면 속이 아프고 쓰렸다. 어쩌다가 우리는 분단국가가 되어 이렇듯 젊은이들을 힘겹게 하는지 울컥 분노가 솟기도 했다.

겨우 한 발짝이면 넘는 군사분계선을 그어놓고 피붙이들까지 오가지도 못하는가. 남북의 두 정상이 가볍게 그의 나이만큼이나 오래된 군사분계선을 넘을 때 우리는 얼마나 가슴이 뭉클했던가. 이제는 지난날들의 아픔을 잊고 살 만큼 좋은 세상이 오리라는 기대를 한다.

삼 년 동안의 군대생활은 그에게 많은 추억과 새로운 경험과 낯선 변화를 주었을 것이다. 부모 형제를 생각하는 마음도 성숙해졌을 것이고, 고향을 대하는 마음가짐이나 자신의 앞길에 대한 계획에도 많은 도움이 되었을 것이다. 세상을 바라보는 시야도 상당히 넓어졌을 것이다.

남자에게 군대는 제2의 고향이라고 하더니 그는 고향 고샅길을 둘러보듯 3년 동안 쌓아둔 추억을 찾아 여기저기 들렀다. 그 덕에 우리 가족은 전방의 아름다움을 구경하는 호강을 했다. 주상절리로 둘러싸인 재인폭포의 시원한 물줄기와 옥빛 물웅덩이, 베갯모 모양의 기이한 아우라지 베개용암 등 국가지질공원이라고 일컬어지는 연천과 포천 곳곳이 절경이다.

그는 젊음이 넘치던 한때의 자취를 찾아 가슴이 벅차고, 우리는 최전방 우리 국토에 대한 관심과 사랑으로 가슴이 뛰었다. 그의 고조된 감정에 우리도 함께 들뜬 감동으로 울컥 눈시울을 붉히곤 했던 하루다. 훗날 그의 기억 속에 젊음이 팔팔하던 그때와 더불어 오늘이 또 하나의 아름다운 젊음의 자취로 새겨질 것이다.

나, 흔들리는 거야

자동차가 지나칠 때마다 길가의 코스모스가 휘청거린다. 온몸으로 드러누웠다가 일어나고 일어났다가 눕는다. 바람만 불어도 살살이꽃이라는 제 이름을 부르기라도 하는 듯 살랑거린다. 바람에 흔들리는 가녀린 몸짓에 내 마음도 따라 비틀거린다.

"흔들리지 않고 피는 꽃이 어디 있으랴"는 시구처럼 꽃을 피우기 위해서는 많은 시간을 흔들리며 견뎌내야 한다. 그게 어디 꽃뿐이랴. 센 바람에 못 견뎌 흔들리지 않고 누워버리면 태풍에 쓰러진 벼처럼 알곡 대신 쭉정이만 건지게 된다.

몇 년 전, 태평양의 진주로 불리는 괌으로 가족여행을 갔다. 괌은 우리나라 거제도와 크기가 비슷한 작은 섬나라이다. 네 시간이면 한 바퀴를 돌 만큼 조그만 나라가 태풍, 해일 등이

빈번한 태평양의 거센 바람을 맨몸으로 받는다. 다행히 우리가 갔을 때는 날씨가 화창했다. 닷새 동안 랜터카로 이곳저곳 돌아다니다 보니 웬만한 길은 훤히 익게 되었다.

그 가운데 눈에 띄는 것이 큰길에 세워진 신호등이었다. 도로 양쪽에 세워 둔 기둥에 몇 가닥으로 꼰 줄을 매 놓고 거기에 빨강 신호등, 파랑 신호등을 달아 놓은 것이다. 우린 신호등을 만날 때마다 예사로 보이지 않아 유심히 보곤 했다. 아무리 작은 섬나라지만 신호등 하나 짱짱하게 못하나 궁금증이 일기도 했다. 우스꽝스런 그 모양새를 속으론 비웃기도 했는데, 투몬 비치에 있는 유명 관광지 '사랑의 절벽'에 가보고서야 고개를 끄덕이게 되었다. 그곳은 얼마나 바람이 센지 모자는 말할 것도 없고 선글라스까지 벗겨내 절벽으로 날려 보낼 정도였다. 바람독이긴 하지만 난간을 움켜잡아도 다리가 후들후들 떨렸다. 마침 날씨가 좋은 날이어서 망정이지 궂은 날에 비바람이라도 불면 사람 하나 낭떠러지로 날리는 건 예삿일일 듯했다.

제주 돌담이 바닷바람에 허물어지지 않고 버티는 것은 송송 뚫린 구멍 덕이라고 한다. 담을 쌓을 때 바람이 지나갈 수 있도록 일부러 길을 내어 쌓는다 하니 지혜로운 방법이다. 미물인 거미도 허공에 거미줄을 지을 때 성글게 하여 바람을 방해하지 않는다. 바람과 맞서지 않고 길을 터주는 슬기로움이다. 플래카

드 하나에도 바람구멍을 두세 개 뚫는 것을 보았다. 생활용품인 옹기도 미세한 숨구멍이 있어서 식품의 발효를 돕는 최적의 용기가 된다. 사람 키보다 훌쩍 큰 갈대나 억새도 바람을 이기기 위해 맞서지 않고 흔들흔들 바람을 달래듯 어른다.

폭설이 내린 어느 해, 여기저기서 오래된 소나무 가지가 부러진 것을 보았다. 어린 소나무는 가지가 유연하여 잘 부러지지 않지만 해묵은 소나무는 뻣뻣하여 늙은 삭신마냥 우지끈 부러지고 만 것이다. 게다가 잎을 촘촘하게 달고 있으니 눈의 무게를 버티지 못할 수밖에. 그해 산을 오르다 본 대나무는 눈의 무게만큼 제 허리를 굽힌 채 눈 녹기를 기다리며 몸을 지탱하고 있었다.

흔들리는 것은 자연이나 바람 때문만이 아니다. 못 살겠다 푸념하는 친구에게 그만한 일은 누구나 겪는 것 아니냐며 그만한 일로 이혼을 한다면 나는 백 번은 했겠다고 억누르려 하자, 다른 친구가 버럭 화를 내며 "그깟 일로 이혼을 해? 그럼 난 백 번이 아니라 천 번도 더했겠다, 이 친구들아."라며 목소리를 높였다. 눈물까지 핑 도는 게 보였다. "그럼 어떻게 사는 거냐? 참고 살자니 속이 다 문드러지잖니." 우리는 그 눈물을 일부러 못 본 척했다. 그 친구는 느닷없이 "얘들아, 흔들리지 않고 피는 꽃도 있다더냐? 그런 시도 모르냐? 한 가정을 이루자면 어디 흔들리기만 하냐? 겪을 것, 못 겪을 것 다 겪지만 가정의 행복이라는 꽃을 피우기 위해서 허리가 휘도록 흔들리다가도 다시 일어나는 거야."

그 친구가 위대해 보였다. 제주 돌담이나 구멍 숭숭 뚫린 거미줄만큼이나 지혜가 돋보였다. 세상 사는 것도 지혜로워야 한다는 건 애들도 다 아는 이치다. 지혜는 물론 요령이기도 하다. 우화 속 꾀보 토끼는 위기를 잘도 넘기며 자신을 보호한다. 누가 그랬다. 세상사 요령도 부릴 줄 모르는 것은 답답하고 융통성이 없는 거라고. 맞다. 때로는 꾀보 토끼마냥 요령이 필요할 때도 있다.

괌에서 본 흔들리는 신호등을 생각한다. 빨랫줄 신호등이라고 오가며 손가락질을 했던 그 신호등. 태평양 한가운데 작은 섬. 우리나라로 오는 태풍 대부분이 그 부근에서 발생한다는 그곳에서 용케도 넘어지지 않으려면 딱딱한 기둥에 강철로 된 수평보다는 요리 흔들 조리 흔들, 흔들거리는 짱짱한 줄이 좋겠지.

험한 세상살이를 하면서 숨구멍 하나 터놓지 못한다면 참으로 답답할 일이다. 그게 지혜이고 요령인 것을 알면서도 스스로 빠져나갈 바람구멍 하나 만들지 못하는 건 왜인지. 사람에게 휘둘리는 것도 바람에게 휘둘리는 것과 다를 리 없다. 하나 더하기 하나는 둘만이 아니고 다섯도 되고 열도 된다는데. 요령에 능수능란하기까지야 바라진 않지만 착한 바보라는 말도 듣기

거북살스럽다.

바람에게 휘둘리는 괌의 빨랫줄 신호등은 꺾이지 않으려고, 넘어지지 않으려고, 오늘도 흔들거리며 혼신을 다해 빨강, 파랑, 노랑으로 신호등 꽃을 피우고 있겠지.

인연의 강

그곳과의 인연은 기쁨이다. 그곳은 문득 생각나면 달려가고픈, 슬며시 떠오르면 미소가 번지는 곳이다. 가끔씩 보고 싶어 눈앞에 어른거리는 얼굴 몇몇이 사는 곳, 철 바뀌면 여기저기 풍경이 눈에 선히 밟히는 곳, 그런 곳이다. 내 고향 전라도 임실과 그곳 경상도 하동 평사리는 그리 가깝지 않은 거리다. 그런데도 마음으로 가까워서인지 멀다는 생각이 전혀 들지 않는다.

평사리와의 인연은 겹겹이다. 그중 글로써 맺어진 게 으뜸이다. 꽃이 좋아, 산이 좋아, 구경삼아 지나칠 때는 그저 오가는 길목일 뿐 그리 깊은 정이 들 리 없었다. 섬진강을 끼고 지리산을 바라보며 달릴 때나 연곡사, 쌍계사 골짜기를 누빌 때, 또는 화개장터를 기웃거릴 적에도 여느 지역 유람을 할 때와 별로 다를

게 없었다. 그러다 박경리 선생의《토지》를 읽고부터는 똑같은 그 길을 오가면서도 책 속의 너른 들녘을 가늠해 보고, 평사리 최 참판 댁이 어디쯤일까 짚어보게 되었다. 소설 속 세계가 현실인 양 궁핍했던 시대적 상황이나 민족이 겪은 아픔과 한을 떠올리며 아파하고 때로는 애잔한 감정에 울먹이기도 하였다.

그러다가 '지리산 섬진강권 문학연대'라는 이름으로 새로운 인연을 맺게 되었다. 문학을 매개 삼아 임실, 순창, 구례, 곡성, 하동, 산청 등에서 회원들이 모여 만남의 재미를 키워가게 되었다. 휘고 구부러진 섬진강 강줄기를 따라 물 흐르듯 달리다 보면 급한 길 다 왔다는 듯 갑자기 강줄기가 방방해지는 그곳, 벚나무가 줄지어 서있고 매실나무가 온 산허리를 두르고 있는 곳. 대나무도 몇 군데 작은 숲을 이루고 육백 리 가쁜 길 돌고 돌아온 모래가 터 잡고 앉아 모래벌판을 이루는 강변 그곳, 물처럼 흘러 자연스레 하동 평사리 뜰에 이른다.

우리의 만남은 늘 반갑다. 전라도 방언과 경상도 방언이 난무하지만 그게 거슬리거나 불편하지 않고 오히려 정겹다. 그곳 여인들은 여유로운 옷매무새만큼이나 마음도 넉넉하고 품위가 있다. 여인들뿐 아니다. 언젠가 "누야, 잘 있나? 나 영욱이다." 라는 평사리 남자의 전화를 받고 나는 몇 날을 두고 행복했다. 지금도 생각날 때마다 흉내를 내보며 행복해 하곤 한다. 경상도 남자가 무뚝뚝하다는 말이 웬 말인가 싶다. 우리 동생들도 전화를 할 때면 전라도 말로 "눈님, 저 상옥이요."라던가 "누나, 재원이요."라고 부드럽고 정겹게 말하는데, 나는 어쩌자고 경상도 남자의 짤막한 한마디와 그 싱거운 말투를 좋아하는지 모르겠다. 지금 생각해보니 순 반말에 그리 멋스런 말도 아닌데 말이다. 그래서 더 정감이 가는 걸까. 어쨌거나 나는 사근사근 말하는 평사리 사람들의 말씨를 좋아한다. 평사리에서 만나는 사람들을 좋아한다.

그들의 초청으로 보름이면 '달빛 낭송회'에 참여하고, 그들이 숨겨놓고 즐긴다는 먹점골 매화를 구경하고, 섬진강 모래밭에 앉아 흐르는 물결을 바라보며 노래도 부르고, 형제봉에 올라 악양 들판과 부부송을 조망하는 멋을 느끼기도 한다. 그중에서도 하동송림을 느긋하게 걸으며 솔향기 속에서 마음을 가다듬는 것은 복 중의 홍복이다. 늙은 소나무들 사이로 얼금얼금 햇살이 들면 천상인 듯 황홀하고, 비 오는 날에 우산을 받고 똑똑 떨어지는 빗소리를 들으며 걷노라면 발아래 솔잎은 푹신하고 모래는 기분 좋게 서걱거린다.

십여 년 전, 나는 진안 데미샘에서 광양 망덕포구까지 섬진강을 따라 걷는 '섬진강 육백리길의 대장정'에 참여했다. 시작한 지 열흘쯤 되던 날이었을까. 하동송림에 이르렀다. 하동군에서는 섬진강을 따라 걷는 탐사대를 위해 솔숲에 자리를 마련하여 따끈한 재첩국과 녹차를 준비해줬다. 뜨끈하고 뽀얀 국물과 쪼

끄마한 조갯살이 어찌나 맛있던지. 팔월 염천에도 속시원히 들이켰던 그 따뜻한 국물 맛을 잊을 수가 없다. 그 이후로 때때로 찾아가 재첩 맛을 즐기곤 한다.

서울에 살던 친구가 어느 해 평사리문학관 앞 들판 건너편 산자락에 집을 지어 이사를 했다. 젊어서 열심히 일한 보람으로 평사리 품에 안겨 노년을 살게 된 친구네 부부는 얼굴에 기쁨이 가득하다. 다른 지역 사람들이 귀촌을 하고 싶어 하는 곳이니 좋은 터임에 틀림없을 것이다. 친구는 인연 복을 지어 하동까지 왔노라고 자랑이다.

섬진강이 진안고을 천상데미에서 시작하여 내가 태어난 임실 운암을 거쳐 하동을 지나 망덕포구로 흘러 바다를 이루듯, 나도 강 따라 물 따라 흐르다가, 노닐다가 맺은 시절 인연들이 고맙다. 어느 날 송림에서 꿈결처럼 만난 하얀 무지개는 내 생애 몇 안 되는 고귀한 선물이다.

이제 마음 내키는 대로 선뜻 나서지 못하는 나이가 되었다. 그러나 아직 섬진강 끝자락에 끝없이 펼쳐진 강변의 모래밭을 거닐며 바람을 노래하고 싶다. 지난 어느 날처럼 모래밭에 앉아 물결이 만들어 내는 윤슬을 바라보며 달이 뜨는 걸 보고 싶다. 빛나는 별무리를 만나고 싶다. 그리고 또다시 떠오르는 해를 바라보며 "엄마야 누나야 강변 살자" 노래를 부르고 싶다. 또다시 섬진강 육백 리를 따박따박 걷고 싶다.

몽골에 끌리다

푸르디푸른 초원에 양들이 한가로이 풀을 뜯고 말들이 경쾌하게 달리는 곳, 광활한 초원에 하얀 집을 짓고 양떼를 몰며 유유자적하는 유목민, 낙타를 타고 사막을 지나다 밤이 오면 쏟아지는 별빛에 마두금을 뜯으며 후미를 부르고 먼 숲에서 늑대 두어 마리 우우워우우워 순한 소리로 화답을 하는 곳, 그곳이 몽골인 줄 알았다. 방방한 구릉이 널려 있고 짙푸른 강줄기가 구불텅구불텅 굽이쳐 흐르는 곳, 가도 가도 끝이 없는 초원의 언덕을 넘고 제풀에 지칠 때쯤 방패막이로 우뚝 바위산이 더러 있는 곳, 거기 어디쯤, 푸른 하늘에 흰구름 두둥실 떠 있는 곳, 테무친의 욕망이 자라고 칭기즈칸의 우렁찬 음성이 우렁우렁 울려나올 것 같은 곳, 그곳이 몽골이려니 여겼다.

인류 역사상 가장 광대하고 가장 강대한 제국이었던 몽골은 그래서 더욱 위대해 보였던 나라. 우랄알타이어족이라든가 몽고반점과 같은 공통점이 있어 우리와 더욱 친근하게 느껴졌던 민족. 몽골은 왠지 마음이 끌렸다.

몽골에 처음 방문했을 때 초원이라는 그 드넓은 풀밭에는 돌들이 무수히 많고 말똥 소똥이 지천이었다. 가도 가도 나무 그늘 하나 없는 풀밭뿐, 비가 오지 않은 초원은 황무지처럼 버석거리고 풀들은 아침이슬을 받아먹으며 겨우 제 색깔을 붙들고 있었다. 가뭄으로 자라지 못하고 땅에 딱 달라붙은 풀을 뜯느라 가축들은 되새김할 겨를조차 없어 보였다. 가축들도 쉴 새 없이 이동을 해야 하며 바닥을 핥듯 풀을 뜯어야 하는 고달픈 일상이구나 싶었다.

유목민의 집에 들러서 본 그들의 생활 역시 몹시 불편해 보였다. 집은 엉성하고 물이 없어 멀리서 물을 길어 와야 하고 불 피울 나무가 턱없이 모자라 말똥이나 소똥을 말려 불을 피웠다. 난로 하나로 난방과 취사를 하고 좁은 게르 안에 생고기를 줄줄이 널어 말리는 걸 보고 그들이 내놓는 마유주나 마른버터, 유제품에 손이 가질 않아 당황스러웠다.

그곳 유목민의 얼굴색이 검붉어 몽골인의 피부색이 그런 줄 알았는데 젖먹이들의 피부색을 보니 우유처럼 뽀얬다. 아기의 아주 뽀얀 피부를 보니 유목민들의 검붉은 얼굴색은 햇빛과 바람에 그을리고 자주 씻지 못해서 그렇게 변한 모양이다. 털옷을 입고 사는 양이나 말 같은 동물들도 더위를 이기기 위해 무리를 지어 서로 머리를 맞대고 수그려 햇빛을 피한다고 한다. 그늘 하나 없는 초원에서 서로에게 그늘이 되어주는 동물들의 행동이 예사로 보이지 않고 애잔한 느낌을 지울 수 없었다. 칭기즈칸이 넓은 땅을 두고도 전쟁을 일삼은 것은 몽골의 땅이 박토여서 그러지 않았을까 라는 생각이 들 정도였다.

몽골을 두 번째 여행했을 때는 처음 방문 때 보지 못한 것들을 좀 더 보게 되었다. 우리나라도 내륙과 해안이 다르고 산악지대와 평야지대가 다른데 하물며 우리나라보다 열여섯 배나 넓은 몽골은 오죽하랴. 몽골의 한 부분만 보고 어찌 그곳을 다 알겠는가. 그곳을 다녀와서도 어느 지역을 다녀왔는지조차 모를 만큼 내가 본 몽골의 일부 모습은 주마간산 격의 감상에 불과했을 터이다. 안내 표지판이나 이정표가 없으니 가이드가 알려주는 대로 듣고 잊으면 그만이다.

시내는 그나마 간판이 있지만 그 나라 말도 글자도 모르니 당연히 깜깜할 수밖에 없다. 그래도 반가운 건 울란바토르에 '서울의 거리'가 있다는 것이다. 서울시 로고가 그려진 표지판에 한글로 쓰인 '서울의 거리'는 눈이 번쩍 띄게 한다. 입구 양옆에 기와를 올리고 벽돌로 기둥을 쌓아 한국식 담을 재현해 한국의 멋을 알리고 있다. 게다가 우리나라의 정자와 똑 닮은 '서울

정' 현판을 단 정자가 몽골에 있으니 어찌 반갑지 않으랴. 전에는 '서울의 거리'를 둘러보고 그곳에서 음식도 먹었는데 이번에는 반가운 마음만 확인하고 그냥 큰길을 달리며 겉만 보고 지나친다.

애국지사이면서 몽골의 슈바이처로 불리는 이태준선생기념공원에도 기와를 얹은 팔각정이 있다. 조그마한 기념관에 들러 그분의 일생을 둘러보니 퍽 자랑스럽다. 처음엔 변두리에 있었는데 울란바토르의 발전과 더불어 주변에 높은 건물들이 들어차 지금은 신도시의 복판이 되었다. 울란바토르의 외곽이었던 이곳을 몽골의 강남이라고 부른다고 한다. 그게 겨우 육 년 만의 일이니 몽골의 수도 울란바토르의 발전이 놀라울 뿐이다.

의료봉사팀의 일원으로 갔던 처음과 달리 이번에는 오롯이 자연과 함께하는 시간이었다. 첫날부터 홉스굴을 향해 달렸다. 길은 예상 밖으로 아스팔트도 깔리고 길가에 대형마트도 몇 개 생겼다. 오래전, 베트남이나 캄보디아를 여행할 때 걸핏하면 "우리나라 60년대 모습이야."라는 말들을 곧잘 했다. 그 말이 몹시 귀에 거슬리곤 했는데, 지금 내가 몽골을 말하는 것도 그와 다르지 않는 것 같아 움찔해진다. 아무튼 이 넓은 땅에 이만한 변화라니. 어서, 부지런히, 순수한 땅 그대로의 몽골을 여행하고 싶다.

길옆으로 눈을 돌리면 여전히 눈에 들어오는 건 끝없는 풀밭이다. 풀들은 저마다 꽃을 피워 꽃밭이다. 꽃밭에는 어쩌다 하나씩 하얀색 게르가 그림처럼 앉아 있다. 때로는 관광객을 위한 게르가 마을처럼 자리 잡고 손님을 마중한다. 양 떼, 염소 떼, 말 떼, 소 떼, 야크 떼, 낙타 떼 등 셀 수 없이 많은 가축들이 오고, 가고, 또 오고, 한가로이 초원을 지나간다. 바람은 상쾌하고 햇살은 맑다. 길은 끝없이 이어져 가도 가도 똑같아 보이는 풍경 같지만 가끔은 풀밭 너머로 산이 나타나고 웅장한 바위도 보인다. 더욱 놀라운 것은 밭을 경작하는 것이다. 유목 생활이 전부인 듯 생각했던 몽골에서도 끝이 가물거릴 만큼 사래 긴 밭에 감자나 메밀 같은 농작물을 심는다고 한다. 점점 사막화되어 가는 드넓은 땅. 어떻게든지 푸르름이 지속되어야 한다.

말로만 듣던 어마어마한 고비사막을 비행기 창문으로 내려다보고서야 환경의 심각함을 짐작했다. 몽골에서 '고비'라는 말이 풀이 잘 자라지 않는 거친 땅이라는 것도 알았다. 사막도 각양각색. 사막을 낭만적으로 생각한 적이 있었다. 낙타를 타고 모래 언덕을 따닥따닥 걷다가 오아시스를 만나고 밤이 되면 쏟아지는 별빛을 이불 삼아 단꿈에 젖을 수 있을 거라는. 그러나 여러 나라를 여행하면서 모래사막의 팍팍한 걸음을 경험해보고, 암석사막이나 소금사막 등을 보고난 후로는 기후 변화에 걱정이 앞서게 되었다.

어쨌거나 두 번째 몽골 여행은 처음보다 몽골의 속살을 조금은 들여다볼 수 있었다. 다음 몽골은 또 어떤 모습으로 변화되어 있을지, 나는 얼마나 더 넓은 시야로 바라보게 될지, 얼마나 더 깊이 생각하며 몽골을 살피게 될지, 몽골의 몽골다운 매력에 빠져 다시 더 멋지고 알찬 여행을 준비한다.

몽골에서의 행복한 시간들. 다시 그리워질 몽골의 풍경들을 눈에, 가슴에 푸르게 새긴다. 세 번째 몽골 여행을 계획하는 즐거움으로 여행 말미를 꾸린다.

신기루

2020년 들머리를 코로나19라는 괴물에게 옴싹 빼앗긴 채 벌써 4월이다. 올부터는 부지런히 무언가를 하려 했던 정초의 계획일랑 깡그리 젖혀두고 집에 콕 들어박혀 지내는 것이 일상이 되었다.

지난 두 해는 건강을 잃고 몹시 허덕거렸다. 건강하겠다고 시작한 운동과 다이어트식이 지나쳐 면역력이 약해져서 대상포진을 앓더니 그로 인해 몸이 여기저기 말썽을 부렸다. 급기야 몽골여행을 떠나기로 한 이틀 전에는 비파열뇌동맥류 수술까지 하게 되었다. 병상에 누워서도 몽골의 하늘이 눈앞을 아른거렸다. 두 번이나 다녀온 몽골에 또 가려고 했던 것은 고비사막을 누비며 신기루를 체험해 보고 싶어서였다.

가까이 다가갈수록 멀어지는 게 신기루다. 죽을 둥 살 둥 달려가면 잡히기는커녕 사라져버린다는 걸 빤히 알면서 왜 그토록 그 현상을 보고 싶어 했는지. 황량한 사막에서 오아시스라도 발견한 듯 환호하고 싶었던 것인가. 그저 막연히 신기루라는 아득한 거짓의 실체를 체험함으로써 내가 부딪히는 허상을 바로 보거나 아예 무시해버릴 수 있는 도력이라도 지니겠다는 것이었는지.

병상에서도 사막의 끝에서 아른거리는 신기루를 떠올리며 몽골로 떠난 일행들을 부러워했다. 비행기 티켓을 사고 비자를 내며 설레던 마음이 쉽게 지워지지 않았다. 그것들은 모두 '여우의 신포도'라고 자위해 보지만 몽골의 풍경을 생각하면 입에 저절로 신물이 고이기도 했다.

어쩌자고 손이 닿지 못하는 높은 가지의 탐스런 포도가 눈에 들어오는 걸까. 지치고 목마른 사막의 길손들에게 마치 오아시스처럼 아득히 보이는 그 현상같이 내게도 한 자락 눈꺼풀을 씌우고 싶은 걸까. 오르지 못할 나무는 쳐다보지도 말라 했다. 그러나 그것은 옛날 사람들의 점잖은 기우일 뿐, 두뇌와 문명이 다투어 발달하는 이 시대에는 오르지 못할 나무는 없지 않은가. 고층 아파트를 힘도 들이지 않고 평지보다 더 수월하게 오르내리며 살아가는 시대인걸.

세상살이에 지쳐 허우적대던 동생이 보이스피싱에 홀린 적이 있다. 아프가니스탄에 주둔한 미군이라며 '수백만 달러를 너에게 보내겠다. 맡아 달라. 그런데 세관에 내야 할 돈과 비행기 삯이 없으니 보내 달라.'는 이메일을 주고받았다고 하였다. 처음엔 의심했으나 아픔의 핵심을 건드리는 수법과 동병상련의 감정을 어루만지는 술수에 넘어가 상당히 많은 돈을 보내고 말았다. 제 돈으로 부족한 액수는 자식과 부모형제의 돈까지 거둬 보낸 것이다. 나와 형제들이 질책하자 동생이 대들며 말했다. "절박해 보지 않은 너희가 내 속을 어찌 알겠느냐. 나는 그만큼 절박해 봐서 그를 돕지 않을 수 없었다."라며 울부짖었다.

'수천 달러를 보내면 수백만 달러를 주겠다.'는 수악한 꿤에 넘어간 동생에게 할말이 없었다. 그는 삭막한 사막에서 혹독한 지열로 헐떡이며 오아시스를 꿈꾸고 있었던 것이다. 멀리서 아른거리는 호수와 야자수 숲 그늘이 신기루라는 걸 미처 몰랐던 것이다. 위장된 눈물에 현혹되어 함께 눈물 콧물 범벅이며 지푸라기라도 잡듯 아른거리는 신기루에 부질없이 속아 넘어간 것이다.

신기루를 보고 싶어 하는 건 마음에 자리 잡은 엉뚱한 허상이 아니다. 흔들리는 마음의 기둥 같은 오아시스를 바라는 것이다. 그러나 신기루를 꿈꾸는 것조차 목마름에서 비롯한 심사인지 모른다. 비록 그것이 허공에 떠 있는 공중누각일 지라도 헛발질이라도 하며 앞으로 나아가고 싶은 곡진한 바람인지도 모른다.

그러기에 신기루는 거친 사막에서 가장 절박한 순간에 오아시스 모양으로 보이는 것 아닐까. 코로나가 기승을 부리는 이때, 멀리서 봄날의 아지랑이마냥 아른아른 신기루가 나타나 나를 현혹시킬지도 모른다. 왠지 불안하여 흔들리는 눈꺼풀을 부비고 난감한 봄날을 바로 바라본다.

옥수수

요즘 옥수수가 제철이다. 옥수수는 한여름 땡볕이 내릴 때 먹어야 맛있다. 그것도 시원한 대청마루 기둥에 기대거나 나무 그늘 평상에 앉아 먹으면 더욱 맛이 좋다. 매미 소리를 들으며 따뜻할 때 먹어야 딱 제맛이다. 올해도 친언니처럼 챙겨주는 분이 옥수수를 두 포대나 보내주셨다. 먹어보나마나 맛이 일품인 무주의 대학찰옥수수. 옥수수를 보자 옛날이 슬금슬금 다가온다.

옥수수에는 옛날이 한가득 담겨있다. 먹는 맛도 맛이려니와 추억을 새록새록 되새겨보는 재미도 크다. 할머니는 손주들 먹이는 게 제일 큰일이라며 밭가에 옥수수를 몽땅 심으셨다. 아버지가 작물에 그늘이 지니 조금만 심자고 해도 그때만큼은 아버지를 나무라며 당신 주장대로 종일 호미질로 옥수수를 심으셨다. 손주들이 좋아하는 단수수도 빼놓지 않고 심으셨다. 머리엔 수건을 쓰고 삼베 치맛자락에 씨앗을 담아 허리끈에 졸라매면 삼베고쟁이가 반절쯤 보이던 할머니의 모습. 삼베 통치마는 풀을 세게 먹여 빳빳하고 방방했다. 언제나 손주들의 주전부리를 살뜰히 챙기시던 할머니.

전쟁을 치르고, 끝맺음도 없이 나라가 두 동강나고 말았으니 누구라 할 것도 없이 가난하고 배고픈 시절이었다. 하필 그때 혼인을 하고 자식을 낳아 길렀던 어머니에겐 옥수수는 눈물이었다. 가족들의 끼니를 위해 급급하시던 어머니는 농작물은 물론이고 들이나 산에서 나는 온갖 먹거리를 섭렵하여 식구들의 양식으로 삼으셨다. 나물, 새알, 나무 열매 등 어디든지 달려가 먹을거리를 장만하던 부지런한 어머니. 초가지붕 기스락에 손을 넣어 참새를 잡는 일까지도 마다하지 않으셨다.

그러나 할머니가 심은 옥수수만은 할머니 마음이었다. 할머니는 농사를 짓지 않는 둘째 아들 손주들을 늘 목에 가시처럼 아파하셨다. 더구나 둘째 며느리가 일찍 세상을 뜨고 나니 애들 키울 손이 없었다. 올망졸망한 어린것들을 큰아들 집 옆으로 이사시켜 살고 있었으니 오죽했으랴. 그러기에 더 자주 손주들의 군입정거리를 만드셨는지도 모른다. 어린 우리 형제들은 할머니가 쪄주시는 강낭콩이 박힌 빵이라든가 달달한 감주 또는 밥보자기를 깔고 찐, 술 냄새 나는 찐빵을 먹으며 행복했다. 할머니는 우리 형제들보다 엄마 없는 손주들을 더 먼저 챙기셨음은 물론이다.

그렇지만 우리 어머니는 그런 사정이 늘 살얼음판같이 조심스럽고 못마땅했을 것이다. 나는 할머니가 참깨, 들깨, 동부 같은 것들을 치마 속에 감추고 엄마 몰래 작은집으로 가져가는 걸 자주 보았다. 때로는 울타리 너머 작은집 마당으로 훌쩍 던지기도 했다. 그렇지만 엄마한테 말하지 못했다. 할머니가 이르지 마라 다짐을 두어서 그러기도 했지만 엄마가 알면 속상할까봐 입을 꾹 다문 것이다. 지금 생각해도 참 잘한 것 같다. 텃밭이나 논에서 거둔 것도 몫을 나누어 함께 먹었는데 그런 것까지 알았더라면 엄마 사는 게 더 팍팍하고 괴로웠을 것이기에.

전쟁 후, 1950~60년대를 살아본 사람은 안다. 배고픔이 얼마나 서럽고 큰 고통인 것을. 먹을 것이 넘쳐나는 이 시대에 굳이 들먹일 필요야 없지만 그렇다고 지난 그 때를 잊어서는 안 된다. 인류가 배고픔에서 벗어난 지는 그리 오래 되지 않았다. 우리나라뿐 아니라 중국이나 프랑스 등 다른 나라도 식량난에 허덕인 정도가 가히 상상을 초월할 정도로 심각했었다. 차마 말할 수 없을 만큼 비정하고 비참한 일들에도 속수무책이었다. 펄벅의 《대지》를 읽으며 무서워 소름끼치던 굶주림의 실상들은 잊을 수가 없다. 중국 그 너른 땅에 흉년이 들어 너나 없이 굶주림으로 허덕일 때, 마을 뉘 집의 굴뚝에서 연기가 난 후엔 그 집 아이 하나가 사라지고 영영 나타나지 않았다는 구절이 그 하나다. 지금도 세상엔 헐벗고 굶주리는 나라가 많다. 살아 있는 것들은 먹어야만 살 수 있다. 그러기에 인류는 먹을 것에 안심할 수 없다. 언제 어떤 경위로 기아로 인한 생명의 위협을 받을지 모를 일이기 때문이다.

현재의 풍요로움은 영원히 지속될 수 있을까, 미래의 식량에는 문제가 없을까. 식량의 미래는 첨단무기로 치르는 전쟁보다 훨씬 무서운 거라고 학자들이 단언한다. 학자들은 미래의 식량으로 옥수수를 말한다. 여행길에 본 땅 넓은 나라들의 끝도 보이지 않는 옥수수밭. 파종에서 수확까지 일사천리로 기계화 되어 수확이 어마어마하다고 한다. 만약 어떤 이유로든 식량난이 발생하면 그들의 위력은 하늘 높은 줄 모르게 높아질 것이다. 중동 석유전쟁을 보면 안다. 식량전쟁은 석유전쟁보다 더욱 심각하고 잔인하다. 상상만으로도 걱정과 두려움이 앞선다. 우리는 인류를 책임져야 할 사람 중에 하나이며, 다음 세대에게 물려줘야 할 책임자이기 때문이다. 더구나 미래를 짊어지고 대를 이어갈 사람이 바로 우리의 후손들이잖은가.

한끼 끼니를 걱정하던 옛날의 어머니를 생각하니 문득 어릴 적, 초등학교에서 받아먹던 노란 옥수수죽이 떠오른다. 빈 도시락통을 가져가면 작은 바가지로 퍼주던 깡냉이(옥수수)죽. 참

맛있었다. 곰팡이가 나고 돌처럼 굳은 우유 덩어리도 한두 번 배급을 받은 적 있다. 그것이나마 먹고살겠다고 앞니로 힘들게 갉아먹던 게 그림이나 사진으로가 아니고, 바로 1950년대생인 내 또래가 겪은 일이다. 가난으로 찌들고 굶주린 우리 국민은 겨우 반세기 전에, 남의 나라가 보내준 구호품 옥수수죽과 부패한 우유 덩어리를 얻어먹고 살았던 것이다. 짧은 동안 풍요롭게 변한 오늘을 살지만 잊으면 안 되는 과거이다.

옥수수 익는 구수한 냄새가 온 집안에 퍼진다. 어머니는 옥수수를 삶을 때면 할머니의 눈치를 피해 점이네 집에 한 바가지씩 갖다 주셨다. 타지에서 이사와 곁방살이하는 점이네는 옥수수 심을 땅이 없었기에 어머니가 가져다 주는 옥수수가 점이네 집의 웃음꽃이 되곤 했다. 할머니도 어머니도 옥수수는 긴긴 여름날의 허기를 채워주는 소중한 나눔의 먹거리인 셈이었다.

지금은 먹을 것이 흔전만전인 세상. 막 쪄서 맛 최고인 옥수수를 앞에 두고 한 알 한 알 헤아리며 상념에 젖어보았다. 받아서 고맙고 주어서 흐뭇한 옥수수가 먼 훗날에도 우리 후손들에게 구수한 인정이기를 빌어본다.

은하수를 건너는 백조

"별 나왔어요. 별이 떴어요."

몽골의 밤을 흔드는 소리에 수런수런 어둠을 더듬거리는 발걸음들. 약속이라도 한 것처럼 플래시 불빛을 옷자락에 감추며 모여선 일행들.

자정을 훌쩍 넘긴 한밤중이다. 인공적인 빛은 한 점도 없이 오직 별만 빛나는 밤. 하늘을 바라본다. 별이다. 마치 하늘을 꽃밭 삼아 별꽃 씨앗이라도 뿌려 가꾼 양 검은 하늘에 하얀 별꽃이 피었다. 잠자리에 들기 전 산마루를 갸웃대던 초여드레달도 어느덧 서편 하늘을 건너가고 없다. 초저녁 어둠을 실어 나르던 소쩍새 소리도 적막에 묻혔다.

저녁나절 느닷없이 한바탕 비가 쏟아져 '별보기는 틀렸구나.'

하고 포기했는데 갑자기 쏟아져 나온 저 많은 별이라니. 하늘의 배려에 고맙기만 하다. 발전기를 돌려 전기를 쓴다는 이곳 사람들은 밤 열 시가 되자 게르와 주변의 모든 불빛을 거두었다. 이렇게 깜깜한 밤이 당연한 듯 그들은 벌써 잠이 들었는지 기척도 없고 사위는 모두 소리 없는 어둠으로 채워졌다. 낮에는 아무리 쫓아도 기승을 부리던 날벌레들도 잠이 들었는지 얼씬도 하지 않는다. 그새 밤 기온이 쑥 내려간 탓이기도 하다.

한여름 별자리는 우리의 꿈이었다. 동화였다. 아버지는 여름이면 꼴 바작 한쪽에 쑥 다발을 얹어 오셨다. 마르지 않은 쑥대를 다발째 보릿대 위에 얹고 불을 붙이면 매캐한 연기가 온 마당을 휩쓸고 다녔다. 우리는 맵다고 캑캑거리고 호들갑을 떨며 어머니가 애호박을 채쳐 끓여주신 수제비도 먹고 옥수수나 감자를 먹기도 했다.

별을 보고 있으려니 어느새 순하디순한 옛 고향 풍경이 살며시 다가선다. 호롱불을 켜고 저녁을 마치고 나면 우리는 약속이나 한 것처럼 평상에 누워 별을 헤아렸다. 어느 날은 하늘이 새하얗게 보일 만큼 별이 많았으나 어느 날은 다문다문 앉은 별들이 차분히 깜빡깜빡 속삭였다. 별이 적은 그런 날이 오히려 별을 찾아보기가 수월했다. 우리가 아는 별은 겨우 은하수와 북두칠성, 그리고 견우와 직녀였다. 견우와 직녀 이야기는 할머니께 수없이 들어 우리 형제들도 다 외울 정도였다. 일 년에 한 번, 칠월칠석이면 만난다는 그 별들의 애틋한 이야기는 어린 마음에도 어찌나 슬펐는지. 칠월칠석날엔 왜 그리 비가 잘 오던지. 비가 오는 칠석날이면 우리도 할머니의 이야기를 따라 찔끔찔끔 울곤 했다. 우린 그 많은 별들 중에도 별똥별에 관심이 제일 많았다. 떨어지는 별똥별을 향해 소원을 빌면 이뤄진다는 말을 철석같이 믿었다. 그런데 별똥별은 너무도 빨랐다. 미리 준비해둔 소원을 재빠르게 말하려고 하는데도 "우리 엄마 안 아프게 해주세요."를 외치기도 전에 사라지고 마는 별똥별이 늘 안타까웠다.

몽골의 밤하늘은 어린 날 고향에서처럼 별이 밝다. 전깃불이 단 한 군데도 없는 칠흑 같은 밤, 비가 씻고 간 하늘에 초원의 꽃처럼 피어난 별들이 어릴 적에 본 별들과 똑같다. 그곳엔 어렸을 적 보았던 그 은하수가 흐르고 은하수를 따라 백조가 커다란 날개를 활짝 펴 별들의 강을 따라 날고 있다. 머리보다 꼬리가 더욱 밝게 빛나는 커다란 백조 한 마리.

백조의 우아한 모습은 우리 집 옥상에서도 자주 만나는 별자리다. 나는 꼬리 쪽 데네브와 부리 쪽 알비레오, 양 날개 별들이 만들어내는 십자가를 보면서 어릴 적 하늘과 할머니와 부모님과 형제들의 웃음소리로 들썩하던 오붓한 마당을 추억하곤 한다. 고개를 바짝 들고 보면 바로 직녀성이다. 거문고자리의 베가는 시원스레 맑은 눈망울로 마치 하늘의 등대인 양 여름철 별자리를 안내한다. 직녀를 바라보며 두 팔을 양쪽으로 펼치고 오른쪽으로 몸을 살짝 기울면 그곳에 견우가 있다. 밝은 별 알타이르는 약간 어두운 별과 함께 있어 견우성을 찾는 길잡이가 된다.

은하수 물결 위를 날며 하늘을 아름답게 꾸미는 백조자리, 거문고자리, 독수리자리의 별들이 이만큼 빛날 수 있는 것은 몽골 하늘이 아직 맑은 덕이다. 이참에 실컷 봐야지. 이런 멋진 맛에 몽골에 세 번째 왔다. 앞으로도 기회만 된다면 몇 번이고 또 오고 싶은 곳이다.

몽골 땅에서도 전깃불 없는 구석진 이곳이 별 보기 명당이다. 대지는 오로지 별빛으로만 자신의 존재를 말하고 있다. 그러나 여기도 곧 문명이 진군하여 밤을 낮처럼 밝힌다면 별들은 다시 어느 어두운 곳으로 들어가 숨어 있겠지. 전깃불 하나 없는 이 하늘이 언제까지 존재할까.

수백 광년의 간극을 두고 오로지 빛으로 마주하는 수많은 별들. 사랑하는 사람인 양 별을 바라보며 별과 함께하는 시간이 행복하다. 별과의 대화는 무한한 시선으로 주고받는 침묵이다. 하염없이 하늘을 보며 하늘 저편으로 펼쳐지는 먼먼 우주를 그려보기도 한다. 마치 고향을 생각하는 것처럼 포근한 정이 솟는다.

북쪽 하늘엔 어릴 적 뒷마당 우물가에서 올려다보던 작은곰

자리의 북극성, 큰곰자리의 북두칠성, 카시오페이아가 각각 제 모습으로 또렷하다. 내 나라 도심에서는 흐릿하여 제대로 볼 수 없었던 별들이다. 서쪽으로 고개를 돌리니 목동자리의 아르크투루스가 우리 집 옥상에서 볼 때보다 몇 배나 더 당당한 모습으로 눈인사를 한다. 몽골에선 더더욱 당당하게 밝은 빛을 내고 있으니 객지에서 만난 고향 벗처럼 반가움이 크다. 오른편 동쪽에는 페가수스자리의 커다란 사각형이 늠름하다. 서남쪽 나뭇가지 사이로 전갈도 담담하게 반짝인다. 이런 밤이 고마워 나도 모르게 가슴에 두 손을 모은다.

페가수스 위쪽에서 유성 하나가 길게 빛을 내며 떨어진다. 아차차, 난 오늘도 미처 소원을 빌지 못한 채 별똥별은 빠르게 사라지고 말았다. 별똥별이 찰나에 자취를 감추는 것은 세상 사람들의 소원이 너무 많기 때문인지도 모른다. 어떻게 그 많은 소원을 다 들어줄 수 있으랴.

그러나 나는 별을 향한 꿈을 버리지 않는다. 끊임없이 반복되는 생성과 소멸로 이어지는 우주의 마당귀에서 보일락 말락 할지언정 나의 존재는 별에게로 이어져 있음이다. 어둠이 짙어야 더욱 밝은 빛이 나는 별은 어둔 밤의 자장가처럼 부드럽고 포근하다. 나는 어디에선가 나를 바라보고 있을 나의 별을 찾아 별밤이면 하늘을 날아오른다. 은하수를 건너는 백조의 날개를 달고서.

03

별

산골의 해는 짧았다. 양산에서 해가 떠 소금바우재로 넘어가고 나면 울타리 아래로 땅거미가 스멀스멀 기어들고 어느새 뒷마당엔 어스름이 깔렸다.

뒷간 옆 아름드리 엄나무에 아침에 나갔던 새들이 돌아와 재잘거릴 즈음, 들일 나가셨던 할머니와 어머니가 종종걸음으로 돌아오시고, 바작에 산처럼 풀을 지고 어미 소를 앞세우며 사립문을 들어오시던 아버지. 해찰하던 송아지도 폴짝폴짝 뛰며 어미를 따라 우리로 들어갔다.

마당에 커다란 덕석을 깔고 저녁을 한바탕 먹고 나면 아버지는 모깃불더미에 쑥다발을 눌러 연기를 돋우셨고, 할머니와 어머니는 마루에서 초저녁 이슬에 꼽꼽해진 빨래를 다림질하셨다. 그쯤이면 우리 형제들은 기다렸다는 듯 멍석에 줄줄이 누워 별을 보았다. 서로 뽀시락장난을 치면서 웃기도 하고 때로는 울기도 하면서 마당은 시끌벅적 재미난 놀이터가 되었다.

매캐하게 마당을 휘감던 모깃불 연기 사이로 반짝반짝 튀어나오던 셀 수 없이 많은 별들. 별 하나, 별 둘, 별 셋, 드넓은 하늘은 우리의 숫자놀이판이었다. 별을 보며 수수께끼 놀음도 하였다. "별과 별 사이의 거리가 친구 경희네 집만큼일까?" "고개 너머 고모 집만큼 멀까?" 서로 팔을 뻗어 가늠하기도 하면서 별들의 거리를 쟀다. 그때 하늘의 별은 거의 한 뼘 거리로 경희네 집만큼이 정답이었다. 어떤 별은 울타리 하나를 사이에 둔 이웃집 인순네 집보다 가까울 거라고 생각했다. 그렁저렁 잠이 든 동생들을 보듬어 모기장 안으로 데려다 누이시던 아버지, 초저녁잠이 많던 할머니가 다림질 빨래 잡아주기를 끝내고 우리 곁으로 와 누우시면 그제야 어머니는 별빛에 호롱불을 보태어 저녁설거지를 하셨다.

우리는 밤이슬에 홑이불이 눅눅해질 때까지 별을 헤아렸다. 밤하늘 가득한 빛나는 별들이 속삭였다. '깜박깜박, 우리는 너의 친구야.' 맑은 눈을 반짝이며 들려주던 그 귓속말이 하도 다정하여 나는 밤마다 별을 기다리는 아이가 되었다. 토끼와 발맞추며 사는 마을은 산으로 둘러싸여 하늘조차 좁았다. 좁은 하늘에 꼭꼭 들이박힌 별들을 할머니는 떡가루 같다며 떡 한

시루 푹 쪄먹으면 좋겠다고 하셨다. 그 말씀을 들을 때마다 나는 하얗게 반짝거리는 별떡 맛을 상상하곤 했다.

머리맡으로 은하수가 흘렀다. 마을 앞 시내처럼 긴 은하수를 사이에 두고 견우와 직녀가 산다고 했다. 이들은 부모님의 말씀을 어겨 멀리 떨어져 살아야 하는 벌을 받았으며 일 년에 한 번 칠석날에만 만날 수 있다고 했다. 은하수 냇물을 건널 수 없으니 까치가 다리를 놓아주면 까치 머리를 밟고 건너가 만난다고, 그래서 칠석이 지나면 머리 벗겨진 까치가 있는 거라고 했다. 하늘까지 올라가 머리가 벗겨지도록 수고로움을 아끼지 않던 까치는 우리의 좋은 친구라고 생각했다. 은하수 양쪽에서 서로 바라만 보며 살아야 한다는 그 이야기가 해마다 슬펐다. 칠월칠석날 비가 오는 것은 그들이 헤어지기 싫어 흘리는 눈물이란 걸 알고는 그들의 슬픈 이별에 함께 눈물을 흘리기도 했다.

어느 해 칠석날 밤, 내 기도의 효험도 없이 비가 왔다. 슬픔에 젖어 있는 나를 보고 어머니는 "눈물은 슬퍼서만 흘리는 게 아니란다. 지금 비가 오는 것은 견우직녀가 일 년 만에 만나니 얼마나 반갑겠느냐. 반갑고 기뻐서 서로 붙잡고 우는 거란다." 반가워서 울어본 적은 없었지만 어렴풋이나마 그럴듯도 했다. 늦게 군대에 간 아버지가 휴가 나오면 할머니 몰래 부엌에서 숨어 울던 엄마에게 왜 우냐고 물으면 좋아서 운다고 했으니까.

아이는 자라서 별을 두고 고향을 떠나왔다. 늘 고향 밤하늘의 별빛을 생각했다. 세상에, 겨우 40km, 기껏해야 백 리를 떠나와서 보니 은하수는 가뭄에 들었는지 메말라 보이지 않고 견우와 직녀는 낯을 가려 찾아낼 수가 없었다. 낯설기만 한 별들이 서러워 눈물짓던 밤이 얼마나 많았는지. 아이는 별을 찾을 수 없는 건 멀리 떠나왔기 때문이 아니란 걸 한참 후에야 알았다. 별은 계절마다 시각마다 변하는 거라는 것도 그제야 알게 된 것이다. 별 보기가 어려운 것은 밤의 밝은 불빛 탓인 것까지도 알게 되었다.

아이는 자라서 어른이 되었다. 그동안에도 별을 잊어본 적이 없었다. 숙명인 양 별을 가슴에 품고 눈앞에 그리며 살았다. 남편과 어린 딸들과 함께 고향의 밤보다 더 깊은 어둠을 찾아 별 보기를 했다. 별 구경은 산골보다 너른 평야지에 가야 하늘을 넓게 관찰할 수 있다는 것도 알게 되었다.

바다낚시를 다니는 남편 덕에 별이 쏟아진다는 무인도에 가서 날밤을 새며 본 별은 가장 잊을 수 없는 별이 되었다. 가까이 다가와 보이던 크막한 별 덩어리를 보느라 텐트 밖 바위에 앉아 밤을 꼬박 세우다 보니 달도 다 넘어가지 않았는데 해가 떠올랐다. 신비스런 그 정경이라니. 가장 많은 별을 본 것은 백두산 장백폭포 아래 대우호텔에서였다. 어렸을 적 할머니가 말씀하신 떡가루가 백두산 하늘에 있다는 게 놀라웠다. 미국의 풀 한 포기 없는 데스벨리에선 별이 꽃이었다. 별이 너무 많아 별자리도 알아볼 수 없을 만큼 수많은 별이 가슴을 펑펑 뛰게 했다. 인공 불빛이라곤 없는 몽골 초원의 별, 뉴질랜드 하늘의 물에 흠씬 젖은 듯 부풀었던 별, 세상 어디를 가든 밤을 기다려 별을 만나는 게 기쁨이다.

별을 좋아해서, 별을 동경해서, 별을 사랑해서, 별과의 만남은 아직도 끝이 없다. 어느새 나도 우리 할머니가 그랬던 것처럼 나의 손주들과 하늘을 우러르며 별 이야기로 친구가 되어 별을 노래한다.

오늘밤도 나는 내 영원한 친구, 별을 만나려고 하늘을 향해 눈길을 모은다. 그들이 반짝반짝 빛날 때면 나도 함께 가슴이 툭 트이고, 비가 오시는 날은 별들의 안부가 궁금하여 별 책을 탐독한다.

쌀밥 신세

코스모스 길을 따라 부안으로 향한다. 승용차보다 높은 버스를 타니 길 옆 풍경이 한눈 가득 들어온다. 요맘때쯤이면 징게맹게 드넓은 들판을 끝도 없이 바라보는 게 큰 즐거움이다. 황금물결로 출렁이는 지평선을 바라보면 내 논이 아니어도 가슴이 부풀어 찰랑거리곤 한다.

그런데 웬일인가. 평야를 가로지르는 도로에서 바라본 풍경이 낯설다. 눈부시게 반짝이던 누런 벼논 대신 콩밭, 아니 콩논이 펼쳐져 있다. 아뿔싸, 벼 대신 콩이었구나. 쌀 소비량이 매년 최저치를 기록한다더니. 산비탈 경사진 밭이나 평야지에선 겨우 논두렁에나 심던 콩을 온통 논 가득 재배하고 있었구나. 한 뼘 땅이라도 벼를 심어야 직성이 풀리던 것은 먼 옛날이야기던가. 부안에 다 가도록 콩 논은 끝나지 않았다. 농가의 수익 창출을 위해서나 쌀이 남아도는 현실이니 어쩔 수 없는 일이라곤 하겠지만 마음은 왠지 허전하고 쓸쓸하다. 세상에서 가장 귀한 게 쌀이 아니던가.

언제부턴가 쌀밥을 멀리하고 살았다. 쌀밥 한 그릇에 고깃국 한 그릇이면 최고라고 여겼던 게 엊그제인 듯한데 맛 좋은 쌀밥을 제치고 온갖 잡곡을 섞어 먹으며 건강식이라고 내세운다. 하물며 밥 대신 고구마, 감자로 밥을 대신하기도 하니 옛날 같으면 가난해서 끼니를 잇대는 행색이다.

하얀 쌀밥은 내가 가장 좋아하는 음식이다. 보리밥은 어릴 적 물리게 먹어서 그런지 여느 잡곡밥보다 싫다. 보리밥을 지을 때 김으로 올라오는 냄새조차 싫어한다. 어릴 적엔 생일이나 명절이 좋았던 것도 쌀밥을 먹을 수 있기 때문이었다.

할아버지 제삿날, 예닐곱 살 되었을 때이다. 한밤중에 지내는 제례 시간을 기다리지 못하고 잠이 들었다. 집안 식구들이 다 모여 제사상을 차리느라 웅성웅성하는데 잠에 취해 일어날 수가 없었다. 일어나 제사를 지내자는 소리에 짜증을 내며 돌아누웠다. 철상을 하고 친척들이 둘러앉아 음식을 먹는데도 아까 부린 짜증이 민망하여 차마 일어날 수가 없었다. 그 와중에도 입에 살살 녹는 쌀밥이 어른거려 침이 절로 삼켜졌다. 그때 고모부가 불끈 안아 억지로 밥상 앞에 앉혀 주었다. 쌀밥을 먹을 수 있게 도와준 고모부가 생각날 때마다 고마웠다.

어머니는 확독에 보리쌀을 갈아 밥을 지었다. 삶은 보리쌀 가운데를 주걱으로 젖힌 후, 쌀 한줌을 얹고 다시 보리쌀로 살짝 덮어 박 바가지 궁둥이로 다독거려 불을 지폈다. 그리고는 밥을 풀 때는 그곳을 살짝 뒤적여 할머니 밥을 펐다. 나는 늘 할머니의 반쉬이 밥이 부러웠다. 지금 생각해 보면 그때 우리 할머니는 지금 나보다 20여 년이나 젊은 40대 후반이었는데 아버지나 어머니는 물론 대소 간이 철저하게 어른대우를 해드렸다. 나이 어린 손주들도 할머니는 으레 쌀밥을 드려야 하는 것으로 알고 불평도 하지 않았다. 그땐 쌀밥이 그렇게나 귀한 대접을 받을 때였다. 어쩌다 구정물통에 하얀 밥풀 몇 알만 보여도 집안이 시끌짝하게 혼이 나곤 했다.

난 지금도 음식점에서 잘 지은 쌀밥이 나오면 한 그릇을 다 비운다. 하지만 집에서는 여전히 잡곡투성이로 밥을 지어먹는다. 쌀로 만든 떡이나 밀가루로 만든 음식도 멀리한 지 오래다. 그래야 살도 찌지 않고 건강하다고 하니까 마치 그래야 하는 것처럼 인식이 되고 말았다. 쌀밥을 먹으면 절로 건강을 망치기라도 하는 것처럼, 무슨 큰 잘못이라도 한 것마냥 움츠린다.

그렇지만 쌀밥 한 공기는 200g 정도이며, 열량은 300kcal쯤이라고 한다. 쌀의 영양성분은 탄수화물만이 아니다. 단백질, 비타민, 무기질, 식이섬유 등 우리 몸에 필요한 다양한 영양소가 함유되어 있다. 믹스커피 한 잔의 열량이 70~100kcal라고 하니 쌀밥을 폭식하지만 않는다면 그리 염려하지 않아도 될 듯하다.

근래에 들어 우리나라 사람들이 하루에 쌀밥을 두 공기도 못 먹는다고 한다. 옛날에는 밥사발이 지금의 몇 배나 컸다. 일꾼들은 큰 사발에 고봉으로 올린 밥을 다 먹었다. 그때는 밥심으로 산다는 말을 흔히들 하였다. 지금은 빵심이나 커피심으로 산다고 해야 할까. 딸네 집에 가면 주말 아침식사는 빵이다. 커피와 우유, 과일과 치즈를 곁들인 빵이나 여행지 호텔에서 조식이라고 먹어본 커다란 샌드위치나 햄버거를 아침상이라고 차린다. 어느새 내 입맛에도 길들여져 그런 음식이 싫지 않다. 그런 걸 보면 쌀밥에 국이나 찌개를 먹어야만 하는 우리 식단이 움츠러드는 것 같아 안타깝다. 쌀밥은 우리 조상들이 수천 년을 이어온 주식으로 으뜸이 아닌가.

보릿고개를 겪은 세대가 사라지고 있다. 양식이 귀하던 시절, 할머니는 밥을 푸다 모자라면 밥그릇에 행주를 넣고 그 위에다 밥을 살포시 덮었다고 했다. 식구들이 밥이 적은 것을 눈치챌까 봐 상 밑에 밥그릇을 숨기고 먹었다니. 서로 양보하다가 모자란 밥이 오히려 남곤 했다는 그 시절이 가슴 아프다. 배가 오죽 고팠으면 등에 뱃가죽이 붙었다는 말이나 치마끈을 동여맨다는 말이 생겼을까. 어머니가 주둥이 좁은 항아리를 정지 부뚜막

한켠에 두고 좀도리쌀을 모으는 것도 보았다.

우리 칠 남매 중에서도 옛날의 쌀밥을 그리워하는 건 나 혼자다. 내가 터를 판 바로 아래 동생도 보리밥에 대한 기억이 없다고 한다. 동생들이 보리밥 설움을 모르고, 어머니의 낭자머리를 모르는데 오직 나만이 어머니의 낭자머리를 기억하고 쌀밥에 대한 동경을 버리지 못한다. 요즘 세상에 쌀밥이 흔전만전 넘쳐나는 것은 우리의 조상님들이 배곯으며 절약하고 부지런히 살아온 덕이다. 배가 고파도 허리끈 한번 질끈 동여매고 맹물 한바가지 들이켜며 일한 덕이다.

오래전, 우리 고장 김제를 배경으로 한 임영춘의 장편소설 《농노》를 읽으며 하염없이 눈물을 흘린 적이 있다. 일제강점기를 살아낸 우리 할아버지, 할머니, 아버지, 어머니들의 배고픈 설움을 그 책을 통해 뼈저리게 느꼈다. 그것도 우리나라 최고의 곡창지대 김제지방마저도 피해갈 수 없었던 배고픔이다. 그러니 다른 지역은 오죽했으랴. 얼마나 굶주렸으면 논바닥 물을 들이켜고 살아 움직이는 올챙이며 개구리를 잡아 삼켰을까. 책에도 경상도에서까지 수많은 사람들이 김제평야 만경강 제방공사에 돈을 벌러 왔다고 씌어 있다. 등장인물들의 쌀밥에 대한 존망이 절절하다.

지금은 먹을거리가 넘쳐나는 세상이 되었다. 예전엔 너나없이 선망을 하던 쌀밥은 찬밥 신세가 되어버렸다. 고구마, 감자보다도 순위에서 훨씬 뒤지고 있다. 밥을 먹는 것조차 꺼려 하니 저절로 옛날의 가난했던 때가 생각난다. 배곯아 죽기도 한 때가 겨우 반세기 남짓 지났는데 이젠 배불러 죽겠다는 세상이 되었다. 그 가운데서도 옛 광영은 간데없고 딱하게 떨쳐나는 게 쌀밥이다. 쌀밥 배부르게 먹으면 나랏님도 부럽잖다는 건 고릿적 이야기가 되었다. 쌀밥이 천대를 받을 만큼 먹고살기 좋은 때를 사는 게 큰 복이려니 하면서도 떨떠름한 생각이 들곤 한다.

기름진 문전옥답엔 나락 대신 깔끄막진 산밭이나 자갈밭에 심던 콩이 자리를 잡았다. 산업발달이나 식생활의 변화로 농지는 점점 줄어들고 있다. 오늘도 평야지에 소를 키우는 우사를 짓는 걸 보았다. 수억을 들여 하는 공사라고 하는데 규모가 엄청났다. 쌀 대신 고기를 생산하기 위한 시설이다.

농토를 자식처럼 귀히 여기던 농부는 이제 고령이 되어 노동력을 잃어 농사를 포기할 수밖에 없다. 그렇다고 대를 이어 농사지을 젊은이도 없다. 농산물을 전략적으로 이용하는 '식량의 무기화' 시대가 올 거라고 한다. 고성능 무기보다도 훨씬 무서운 무기가 될 쌀을 우리가 푸대접해서는 안 된다. 이건 우리가 쌀을 먹어야 하는 이유이며 재앙을 막을 수 있는 길이다.

화창하고 청명한 가을날, 황금들녘을 보려고 나선 길. 세월이 흐를수록 달보드레한 쌀밥의 신세가 만만찮을 것 같은 예감에 왠지 씁쓸해진다.

톡톡, 한반도의 허리

한밤중에 얼핏 잠에서 깨니 오른쪽 다리가 움직여지지 않는다. 아무리 기를 써도 꿈쩍 않는 다리를 두 손으로 들어 옮기려 해봐도 돌덩이가 되어 도저히 들 수가 없다. 한 발짝 떼기는커녕 발가락 하나 꼼지락할 수조차 없다.

덜컥 겁이 났다. 마치 기다리고 있기나 한 것처럼 눈물이 주르륵 흘러내렸다. 다리가 마비라니. 인생끝장이라는 생각에 휩싸여 눈앞이 깜깜했다. 성한 왼쪽 다리마저 한 짝만으로는 있으나 마나, 한쪽이 마비되니 다른 쪽마저 뗄 수 없다는 걸 알고는 더욱 암담했다.

입원하여 검사를 해보니 전방전위증이라는 생소한 병이었다. 허리뼈 탈골로 힘줄이 눌려 그런 거라고 한다. 게다가 허리뼈가 끊어졌다가 붙은 자국까지 있다고 한다. 언제 그랬을까. 허리가 아프다 말다 한 지가 삼십 년도 더 된 성싶은데. 그때마다 병원이나 한의원을 들락거리며 통증을 다스리곤 했는데. 허리뼈가 끊어진 적이 있었다니. 오래전 허리가 너무 아파 보름 정도 입원한 적도 있었지만 그때도 허리뼈가 끊어져 아픈 줄은 몰랐다. 그런 몸으로 억세게 일을 하고 살아온 세월 생각에 목이 메었다.

우리 몸의 요긴한 부분이 허리다. 허리뼈(腰椎)는 몸의 기둥 역할을 한다. 그러한 요추의 신경들이 다리 쪽으로 내려가면서 감각과 움직이는 운동기능을 담당한다는데 뼈와 뼈를 연결하는 고리가 앞으로 삐어져 신경을 눌러 생긴 병이라고 한다. 혈맥의 상태가 여의치 않으니 다리에 쥐도 자주 났던 거란다. 의사는 아픈 걸 너무나 잘 참아 병을 키웠다며 질책을 한다.

우리나라 지도를 보면 마치 직립보행을 하는 사람의 모양인 듯 남쪽 바다에 발을 딛고 북쪽 대륙에 머리를 둔 형태다. 그렇게 서 있는 한반도가 삼팔선과 휴전선으로 가로막혀 분단된 채로 살아온 지 수십 년이다. 사람의 몸이라면 허리 부분이 꽁꽁 묶여 모든 기능을 멈춘 채 순환이 되지 않아 고통을 겪는 격이라고 할 수 있다. 남과 북으로 동강난 허리는 극심한 통증에 한날 한시도 편할 날이 없이 살았다. 한 민족이 얼떨결에 둘로 나뉘어 몸 붙여 살던 땅이 토막나고 천륜과 인륜이 떨어져 오가지도 못하는 쓰라림을 어이하랴. 깊은 상처를 가운데 두고 온갖 아픔을 겪고 있다. 서로 으르렁대며 수십 년을 살다 보니 가슴엔 씻어낼 수 없는 한이 쌓이고 서로가 서로를 향한 원망이 크기 마련이다.

부모형제가 오순도순 정을 쏟기는커녕 민족끼리 서로의 가슴을 향해 총부리를 겨눈 채 원수인 양 서로 할퀴니 세계만방에 부끄러운 일이다. 그 극심한 아픔이라니. 하늘에 비행기 소리만 낮게 들려도 움츠러들고 바다는 수시로 공포의 총격전이 벌어지는 나라꼴이 가관이다. 제 나라 제 핏줄끼리 할 일인가. 국토를 산산조각내겠다고 지뢰를 묻고 땅굴을 파 심장을 노린다. 통탄할 일이다. 슬퍼할 일이다. 하늘도 땅도 바다도 모두 제 손으로 생채기를 내어 진물이 철철 흐르고 있다. 대한민국 국민은 남북을 가릴 것 없이 그런 허리토막을 지켜내느라 노심초사한다. 혈기왕성한 한창 때를 토막내어 군대에 가야 하고, 국가에서는 국방비 지출로 허리가 휜다. 천안함 사건이나 연평해전과 같은 실전을 겪기도 한다.

허리뼈 하나 삐어져 나왔다고 다리가 꿈쩍도 못하는데 허리가 싹둑 잘린 채 70여 년 긴 세월을 용케도 견디었다는 생각에 코끝이 시큰거린다. 부모형제가 6 · 25라는 동족끼리의 전쟁으로 남북에 떨어져 살면서 그리움이 얼마나 컸으며 슬픔이 오죽했을까. 게다가 동족끼리 원수로 살게 된 후유증을 겪어야 하는 우리 민족의 후예는 얼마나 비극인가.

3차 남북정상회담을 지켜보는 나날이 기쁨이었다. 지난 봄, 판문점에서 남과 북의 경계선을 넘던 대통령의 한 발짝에 왜 그렇게 가슴이 뭉클하고 울컥 눈물이 쏟아지던지. 혹독하고도 기나긴 겨울을 이겨내고 만난 그 봄에 가을 만남을 약속하더니 드디어 우리의 대통령이 평양으로 날아가 북한의 정상과 만났다. 곳곳에서 우리의 민족, 우리의 형제들이 대통령을 열렬히 환영했다.

북한 주민 15만 명이 모인 능라도 5·1경기장에서 우리 대통령이 제안했다. 우수하고 강인하고 평화를 사랑하는 우리 민족은 함께 살아야 한다고, 5,000년을 함께 산 우리 민족이 70년을 헤어져 살았다고, 지난 70년 적대를 완전히 청산하고 다시 하나가 되기 위한 첫걸음을 내딛자고, 함께 새로운 미래로 나아가자고, 8천만 우리 겨레, 사랑하는 동포 여러분이라고.

한겨레, 한민족이니 통역할 필요도 없이 우리말 그대로 연설하는 그 상황에 감동하지 않을 사람이 있을까. 얼이 통하고 모습이 같으며 언어도 하나인 우리. 그동안 그래도 되는, 그런 사이를, 어둠의 장막으로 가리고, 허리를 차단하고 혈액순환을 못한 채 생살이 썩는 아픔을 견디며 살았다.

두 정상이 민족의 영산 백두산에 올랐을 때 하늘은 맑았다. 천지는 푸르렀다. 변화무쌍한 백두산의 날씨도 그 날을 기뻐하는 듯했다. 우리 땅의 역사가 시작된 곳, 배달민족의 뿌리인 백두산이다. 남한의 김정숙 여사는 품에서 한라의 물을 꺼냈다. 한라의 물 절반을 천지에 붓고 절반을 천지의 물로 채웠다. 한라의 물과 백두의 물이 하나가 될 때 북한의 이설주 여사가 옆에서 김정숙 여사의 옷자락을 잡고 하나로 서 있는 풍경이 친자매처럼 살가웠다. 팔짱을 끼고 계단을 내려가는 모습은 모녀와 같이 정겨웠다. 북한의 정상은 천지에 붓을 담가서 천지의 물로 북남관계의 새로운 역사를 써 나가자고 했다. 무법자로만 보였던 그에게 어느 날부터인가 호감이 가고 그를 향한 밉상스런 마음도 사라지고 있었다. 적으로 보아왔던 그를 언제부터인지 동족의 피를 이어 받은 누이의 마음으로 관심을 갖게 되었다.

휴전선을 따라 고성, 철원, 연천, 백령도, 연평도 등을 답사한 적이 있다. 여러 차례 여행을 겸하기도 하지만 갈 때마다 그곳의 아름다운 풍광에 취했다가도 분단의 흔적이 눈에 보이면 마음은 착잡해져 쓸쓸해지곤 한다. 지뢰라고 쓴 빨간 팻말이 군데군데 서 있고 허수아비도 군복을 입고 있는 거기, 군복 입은 우리네 아들들이 딱하고 땅굴에서 떨어지는 명징한 물방울 소리에도 코끝이 시큰거린다. 호남평야의 지평선을 가까이 두고 사는 내가 철원에서 또 하나의 지평선을 만났을 때 기쁨이 배가 되기도 했다. 지평선 뒤로 보이는 북한 땅 평강고원은 바라볼 때마다 적막강산이었다.

월정리역에 멈춘 채 녹이 다닥다닥한 유골 같은 기차가 있다.

"철마는 달리고 싶다"는 문구가 슬프기 짝이 없다. 그곳 표지판에 서울까지 104km라고 써져 있다. 그런데 북한의 평강은 19km밖에 안 된다. 세상에나! 걸어서도 충분히 갈 수 있는 거리다. 그뿐이던가. 허리가 잘려 멈출 수밖에 없었던 철마가 계속 달릴 수만 있다면 말로만 듣던 중국, 러시아를 거쳐 로마까지 간다는 그 말이 현실이 될 수도 있다. 그런 날이 오기를 간절히 기도했었다. 온 국민의 마음이 하나였던지 드디어 바람은 이뤄질 조짐이 보인다.

지금 남북 정상회담이 세 번째 열리고 있잖은가. 동기간이 만난 것처럼 손잡고 반가워하지 않는가. 가뿐가뿐 뛰며 오라비를 보필하는 김여정에게 친족 같은 정이 솟지 않는가. 아무도 오가지 못하는 비무장지대를 넘나드는 새들과 자유로이 바람을 타고 오가는 구름을 부러워하던 우리도 이제 북으로 남으로 서로 왕래할 수 있는 날이 올 것만 같다. 해외여행 중에 코리안이라고 하면 으레 South냐 North냐 되묻는 일도 사라질 것이다. 섬 아닌 섬이 되어 뱃길 아니면 하늘길만 열려 있던 우리에게 육로를 따라 국경을 넘어갈 수도 있게 될 것이다.

난 아직 북녘 땅을 밟아본 적이 없다. 장백산은 다섯 번, 천지를 여섯 번 올랐지만 백두산은 하염없이 멀리 바라볼 뿐이었다. 비룡폭포(장백폭포) 아래 대우호텔에서 밤내 잠 못 이루며 폭포소리를 애달피 들었던 밤, 별은 또 왜 그리 많이도 빛나던지.

천지에서 중국 공안의 눈을 피해 잠시 짧은 쇠사슬을 넘어 북한 땅에 서 본 적은 있다. 몸에 경련이 일고 마음으론 만감이 교차하는 순간이었다. 천지의 물을 두 손으로 움켜 마시고 병에 담아 가슴에 품었으나 그 물마저도 공항 검색대 앞에서 작별을 하고 말았다. 그리고 금강산도 개성도 갈 기회를 얻지 못했다. 이제 새로운 세상이 열리면 서둘러 북녘, 우리의 땅에 가려고 한다. 우리의 땅을 밟고 우리 동포의 식당에서 밥을 먹고 형제자매가 지은 집에서 잠을 자며 북녘을 돌아보련다.

오랜 아픔으로 아직 펴지지 않은 한반도의 허리는 한마디 한마디 뼈를 맞추고 경락을 뚫어 기를 통하며 뭉친 어혈을 풀어나가기 시작했었다. 시도 때도 없이 곪아 터지던 한반도의 허리병이 드디어 고쳐질 기미가 보이기도 한다. 혈맥을 틔워 붉은 피가 돌게 하고 신경을 낱낱이 이어 감각을 살리고자 한다. 남북의 평화회담과 아울러 슬기로운 남북한 우리 민족의 지혜로 그간의 깊이 파인 상처를 꿰매어 아픔을 치유할 것이다.

나의 어긋난 허리뼈도 어서 온전히 맞추어야지. 신바람 날리며 북녘 땅 여행을 마음놓고 할 수 있는 날을 꿈꾼다. 삐어져 나온 허리뼈를 다스리자 마비되었던 다리가 풀려 걸을 수 있듯이 한반도는 오랫동안 속수무책이던 허리를 곧추세우고 일어설 것이다. 세계만방을 향해 야젓한 걸음을 내디뎌 달리게 될 것이다.

흥하라 흥하라

할머니는 떨어진 삼베옷을 버리지 않으셨다. 빨랫돌에 방망이질을 하여 더욱 부드럽게 한 다음 손자들의 콧수건으로 쓰셨다.

"흥해라, 흥."

"우리 복덩이, 흥도 잘하네. 어서 흥~하거라. 어서, 어서, 흥~하거라."

우리들이 콧물을 흘리면 코에 낡은 삼베수건을 대고 흥하라고 기도처럼 되뇌셨다. 어느 땐 당신 치맛자락을 들추어 콧물을 닦아주거나 엄지와 검지를 대고 코를 풀어주곤 하셨다. 그때마다 '흥하라'는 말을 주문인 양 빼놓지 않으셨다. 우리는 그럴 때면 코에 힘을 주어 콧물을 내보내는 것보다 입으로 '흥'소리를 내느라 코푸는 것은 오히려 뒷전이었다.

할머니는 우리 칠 남매를 언제나 우리 새끼, 예쁜 새끼 또는 복덩이라고 불렀다. 당신은 삼 남매를 두셨지만 며느리는 딸 열, 아들 열을 낳게 해달라고 삼시랑님께 빌곤 하셨다. 그렇게 얻은 손자손녀를 어찌나 귀히 여기던지 어머니는 낳고 젖 먹이는 일만 하고 할머니가 다 기르는 것처럼 보였다.

그렇게 애지중지하는 할머니의 사랑과 정성으로 우리는 잘 자랐다. 할머니의 '흥'하라는 말은 단순히 말뿐이 아니었을 것이다. 손주들의 것이라면 똥도 더러운 줄 모르고 주물럭거리던 할머니. 우리의 옷을 빨아 빨랫줄에 널 때도, 마른 옷을 갤 때에도 웃옷과 아래 옷, 겉옷과 속옷을 가려 반듯하게 다루셨다. 심성이 고와야 한다며 다독다독 마치 손주들을 어루만지듯 빨래를 매만지셨다.

국문도 모르던 할머니가 흥하라는 말의 한자인 '흥興'을 알고 썼을 리 없겠지만 흥망興亡의 말뜻이야 알고도 남을 만하니 할머니의 간곡함이 함께했을 것이다. 그때 만약 '흥해라' 대신 '망해라' 했더라면 우린 아마도 지금처럼 살 수 없을 것이다. 기쁠 때 흥을 돋우어 신명을 올리고, 슬픔이 닥치면 언젠가 다가올 흥을 생각하며 견디고, 시가이흥詩可以興할 수 있으니 아마도 할머니의 '흥해라' 덕분인 듯하다.

긍정적인 기대나 관심이 사람에게 좋은 영향을 미치는 것을 피그말리온 효과라고 한다. 그리스 신화에서 유래한 말이다. 조각가 피그말리온은 아름다운 여인상을 조각하고 갈라테이아라 이름 짓는다. 피그말리온은 갈라테이아를 진심으로 사랑하게 된다. 여신 아프로디테는 피그말리온의 사랑에 감동하여 갈라테이아에게 생명을 불어넣어 준다. 간절히 원하고 기대하면 원하는 바를 이룰 수 있다는 긍정적인 이야기다.

나도 어느덧 손주 재롱에 푹 빠져 사는 할머니가 되었다. 멀리 떨어져 살기에 하루에도 몇 번씩 카카오톡으로 소통하며 사진과 동영상을 보는 것도 모자라 하루 한 번쯤은 영상통화를 하곤 한다. 그럴 때마다 긍정적인 말과 칭찬을 아끼지 않는다. 가끔 만나 코를 닦아줄 일이라도 생기면 의식적으로 "흥~해야지? 흥~하거라."고 덧붙이곤 한다. 나의 할머니가 내게 한 것처럼. 말은 씨가 된다지 않는가. 말하는 대로 이뤄진다지 않는가.

나는 아직도 흥에 대한 기대를 버리지 않았다. 흥겹게 살고자 하며 앞으로 더 잘살 거라는 희망으로 오늘을 살고 내일을 기다린다. 일 년 후, 오 년 후, 십 년 후의 인생 로드맵을 설정하여 그 길을 가기 위해 노력한다. 지금까지의 삶이 그랬듯 앞으로의 삶도 갈고닦아 잘 살아갈 것이라는 자성적 예언을 믿는다.

생각이 바뀌면 습관이 바뀌고, 습관이 바뀌면 행동이 바뀌고, 행동이 바뀌면 인생이 바뀐다고 했다. 그만큼 생각은 삶의 지표가 된다. 신에게 기도를 드리는 것도 사람답게 살기 위한 생각이며 인류의 행복을 위한 바람이다. 노인 앞에서 경거망동 할 수 없는 것이나 노거수를 지나칠 때면 왠지 모르게 공손해지는 것도, 어린아이를 보면 무병 무탈하게 잘 자라라고 속으로 중얼거리는 것도, 자신도 모르는 사이에 학습된 심리적 행위이다.

오늘밤, 팔월 무더위 속에 페르세우스 유성우가 쏟아진다는 말을 들었다. 비가 내리듯 별똥별이 떨어진다고 하여 소원 몇 가지 챙겨 별을 보러 징게맹게 들녘으로 달려갔다. 소원을 빌기에는 턱없이 짧은, 눈 깜짝할 사이에 떨어지고 마는 별똥별. "어!" 하는 찰나에 별똥별은 사라지고 만다. 깊은 어둠 속 허공을 바라보며 나의 바람을 하나하나 떠올린다. 바라는 것도, 사랑하고 싶은 것도 많다. 오랜 기다림 사이로 별똥별이 하늘을 스치면 가만히 두 손을 모은다. 말없이 아름다운 미래를 꿈꾸며 올리는 기원이다.

콩까잘 생각

설날이 가까워지면 어른들은 한숨을 달고 아이들은 웃음을 달았다. 대목장이 서면 어른들은 칼바람도 아랑곳하지 않고 십릿 길을 걸어 장을 보러 가셨다. 가난한 살림에 장보기라야 차례상에 올릴 굴비 두어 마리, 산적에 꿸 고기나 국거리 한두 근, 그리고 자식들의 알뜰한 설빔이었을 것이다.

어머니가 이고 오는 장 보따리는 우리들의 호기심을 끌어 모았다. 크나 작으나 보따리를 가운데 두고 에워쌌다. 어머니는 할머니 것부터 차례차례 하나씩 꺼내 몫을 지어주었다. 할머니는 당신 몫에 기꺼워하셨고 우리 형제들은 양말 한 켤레만 받아도 가슴에 안고 팔짝팔짝 뛰었다. 큰딸인 내가 초등학교에 입학하던 해 설에는 내 몫이 특별했다. 어머니는 노랑 호박단 저고릿

감과 검정 치맛감을 떠오셔서 내 품을 재고 밤을 새가며 치마저고리를 지었다. 호롱불 앞에서 인두판을 무릎에 얹고 바느질에 골똘하시던 어머니를 바라보면서 새 옷을 기다리던 감미로웠던 그때가 아직까지도 어제인 듯 눈에 선하다.

그해였을 것이다. 어머니는 콩까잘을 만들지 않았다. 먹을거리가 궁했던 그 시대에 설음식은 최고의 맛을 지닌 최상의 먹을거리였다. 그 가운데서도 콩까잘이라고 부른 콩으로 만든 그 과자는 고소하여 아이들이 떡이나 유과보다 더 좋아했다. 그런 맛있는 과자를 만들지 않는다는 말에 동생들은 칭얼대며 가난한 어머니를 졸랐다. 나는 장날에 어머니의 머리가 묻힐 만큼 이고 나선 콩으로 내 옷감을 샀을 거라는 생각이 들어 "엄마, 콩으로 내 옷감을 떠서 콩까잘을 못 만들지?"라고 물었다. 어머니는 아니라며 잠시 멈칫거리다가 "새끼들 먹이는 게 중하지. 콩씨야 그때 가서 팔아 심지." 혼잣말로 중얼거리며 남아 있는 콩자루를 덥석 들고 부엌으로 들어가셨다.

그날이었던가. 어머니는 분주했다. 내가 이모라고 부르며 동기간처럼 지내는 동네 아주머니들까지 모여 절구통에 콩을 찧어 채에 치고, 콩가루를 만들고, 반죽하여, 방망이로 얇게 밀어 마름모, 사다리꼴, 부채꼴 모양으로 썰어서 뜨끈한 방바닥에 주욱 널었다. 아랫목에서부터 마르는 대로 모래를 넣고 달군 검은 솥단지에서 콩과자를 부풀렸다. 화로도 몇 개 숯불을 피워

적새를 올려놓고 콩까잘을 구웠다. 적새에 올리면 조그만 반죽 조각은 요술을 부리듯 꿈틀 풍선처럼 부풀어 오른다. 조그만 조각이 적새 위에서 불룩불룩 일어나는 걸 보면 신기했다. 어쩜 그걸 구경하는 것이 먹는 맛보다 더 좋았던 것 같다.

부엌은 어머니와 동네 아주머니들의 웃음소리로 시끌벅적 따스했다. 우리 형제들은 방에서 부엌으로 난 조그만 등잔 구멍에 귀를 기울이다가 부엌을 기웃거리기도 하고 그도 모자라 마당을 강아지처럼 뛰며 신바람이 났다. 벌써부터 부엌을 들랑거리며 맛보기 콩까잘을 하나씩 들고 나오곤 했다.

그런데 갑자기 부엌이 술렁거렸다. 한 이모가 쓰러졌다더니 또 한 분이 부엌바닥에 쓰러졌다. 다른 분도 비틀거리며 차가운 마당으로 기어 나와 드러누웠다. 어머니는 쓰러진 분들을 마당으로 끌어내고 서둘러 김칫국을 먹였다. 우리는 동네 이모들이 다 죽는 줄 알고 울상이 되어 벌벌 떨었다. 그 와중에도 고소한 콩까잘은 자꾸 입으로 들어갔다.

그해 어머니는 자식들 콩까잘 먹이려다 몇 사람 죽을 뻔 했다며 치를 떨었다. 어른들은 불머리가 나서 쓰러진 거라고 했다. 숯머리가 났다고도 했다. 그런 소동이 벌어졌어도 과자는 맛있게 구워져 우리들의 기쁨이 되었고 세배하러 온 동네 조무래기들의 손에도 서너 개씩 쥐여졌다.

콩까잘은 콩으로 만든 과자다. 내가 어렸을 적(1960년대 초)

우리 동네(전북 임실 운암)에선 과자를 까잘이라고 불렀다. 어른이나 애나 콩까잘이라고 했다. 움푹한 모양의 과자를 '바가지 과자'라고 한 걸 보면 '과자'라는 말도 있긴 했다. 우리 전통과자를 토박이말로 '과줄'이라고 한다. 과줄에는 유밀과, 약과, 정과, 다식, 숙실과 따위가 있다. 우리 어머니도 유과나 산자, 갖가지 강정을 이바지 음식 만들기에 불려 다닐 만큼 잘 만드셨다. 그 가운데서도 아이들 입맛에는 콩까잘이 제일 맛있었다. 어머니 젊을 적에는 해마다 선달그믐쯤이면 콩까잘을 만들었지만 배우지를 못했다. 동생들과 어머니 살아계실 때 배워 만들자고 하면서도 아직까지 말뿐이다.

마트나 제과점에 갖은 과자가 많아도 먹으면 살찐다는 이유로 본체만체하고 산다. 지금도 콩까잘은 한번 먹어보고 싶은 마음이 간절하다. 만들어보고 싶다. 어렸을 적 본 것처럼 콩반죽을 밀어 조각조각 잘라 방바닥에 널어두고 꼽꼽하지도 너무 바짝 마르지도 않게 적당히 말려 숯불에 굽고 싶다. 젊은 엄마와 나 어린 딸을 그려보고, 어질어질 불머리도 앓아보고, 주머니에 넣었다가 털썩 주저앉아 바싹 깨진 콩까잘을 보며 애석해보고도 싶다.

그때 그 옛날, 큰딸 초등학교 입학식 때, 예쁘게 입히고 싶어 설빔으로 고운 옷을 짓던 어머니. 한 해 농사를 위해 갈무리해뒀던 콩씨를 덥석 들어다 자식을 위해 콩까잘을 만들어주던 어머니. 어머니가 아직 내 곁에 살아계시니 더없는 홍복이며 참 다행이다. 이 밤, 어머니가 더욱 고맙고 보고 싶다. 내일은 어머니, 아버지 계시는 집으로 한걸음에 달려가야겠다.

잠 못 드는 밤에

풀벌레들이 여름밤을 노래한다. 귓속, 풀숲에서 울어대는 그 소리에 밤을 빼앗기고 뒤척인 지 얼마인가.

잠들고자 몸부림치는 시간이 길어갈수록 '왜 이렇게 잠이 안 올까?'에 골똘해지게 된다. 그럴수록 잠은 더 멀리 달아나고 풀벌레 소리는 더욱 징징댄다. 결국 낮에 마신 커피가 주범으로 몰린다. 하루 서너 잔을 마셔도 잠과는 무관하게 까딱도 않던 커피였는데 왜 이렇게 변했는지. 어쩌다가 커피가 잠 방해꾼 범인으로 몰리는지.

잠을 이기기 위해, 잠을 쫓아버리겠다고 커피를 들이마시던 때가 언제였던가. 밤새워 해야 할 일이 있다거나 몸이 피곤하다 싶으면 커피를 마치 맹물 들이켜듯 마시던 때가 있었다. 젊음의 탄력이었는지 커피가 품고 있는 카페인의 역할이었는지 모르지만 커피를 마시고 나면 날밤을 거뜬히 새고도 활력이 넘쳤다. 비실비실하다가도 장마에 햇살 비치듯 정신이 퍼뜩 들곤 했다. 그때는 커피가 피로를 이기는 묘약이라도 되는 양 미더워하며 커피에 의지하였다.

요즘은 식사를 하고 나면 으레 절차인 양 커피숍으로 향한다. 밥집에도 믹스커피에서부터 원두커피까지 갖춰져 있는 것이 대부분인데 공짜로 마실 수 있는 그걸 지나쳐 망설임 없이 커피숍으로 자리를 옮겨 밥값과 거의 맞먹는 값으로 커피를 마신다. 커피를 삼시세끼 밥보다 더 챙겨 마실 때가 있을 정도다.

갑자기 2주일 정도 입원한 적이 있었다. 그 여름, 어찌나 커피가 당기는지 병문안 온다는 친구에게 염치불구하고 커피를 부탁하곤 했다. 그때의 커피 맛을 잊을 수가 없다. 심지어 수면에도 아무런 지장이 없었다. 그런데 요즘엔 달라졌다. 커피 한 잔에도 말똥말똥 밤을 새우거나 애가 터지게 잠을 청해야 하니 별일이다.

예전에 주변에서 지금의 나와 같은 소리를 하면 이해가 되지 않았다. 밤에 잠이 안 오면 얼마나 경제적인 거냐고. 책도 읽고 집안일도 하고 할 일이 많은데 억지로 잠을 자려고 애를 쓰느냐고 핀잔을 하기도 했다. 한 친구는 울상이 되어 그럼 오죽 좋겠느냐며 실상은 눈이 꼭꼭 쑤셔 그럴 수가 없으니 병 중에서도 큰 병이라고 했다. 동서는 약국에서 수면제를 사먹어도 듣지 않아 병원 처방을 받아 겨우 잠을 잔다고 한다.

내가 겪기 전에는 이해하지 못했는데 어쩌다 한 번씩 그런 날이 오고 보니 이제야 그 고통을 알겠다. 게다가 그런 밤이면 귀에서 울어대는 귀뚜리 소리, 매미 소리와 같은 소리들이 극성을 부린다. 하기 싫은 일을 억지로 하는 것이나, 오지 않는 잠을 억지로 자려 하는 것이나 매한가지인 양 힘들고 괴롭다. 안 오는 잠 훌훌 떨치고 일어나 그동안 짬이 없어 하고 싶어도 시간이 없어 하지 못한 퍼즐 맞추기를 해본다. 밤잠을 못 자면 내일 힘들 거라는 걱정도 잠시 접어두고 퍼즐 맞추기에 골몰한다.

그제야 더욱 또렷해지는 정신이 가까스로 즐거움이 된다. 밤새워 울 것 같던 풀벌레들도 슬며시 잠이 들었는지 머리가 조용해졌다. 창밖을 서성이던 별빛도 고요히 창문을 비켜선다. 짧은 여름밤이 점점 더 깊어간다. 다행히 이제라도 한숨 맛나게 잠들 것 같다.

소금바우

할머니와 소금바우재 날망에 앉았다. 눈앞에 펼쳐지는 풍경이 참 아름다웠다. 할머니는 머리에 이었던 보따리를 길옆 풀섶에 내려놓고 후유후유 숨을 고르며 적삼 단추를 끌렀다. 적삼의 양쪽 섶을 잡고 훨훨 부채질을 하셨다. 나도 따라 손부채를 팔랑거렸다. 어정칠월의 바람도 잿날망에서 쉬어 가는지 동백기름으로 비다듬은 할머니 머리카락 한 가닥이 살랑거렸다. 저 멀리 낡은 묘 옆에 서 있던 배롱나무 한 그루가 붉은 꽃 웃음을 가득 머금은 채 올려다보았다. 난 그때 배롱나무를 처음 보았다.

땀을 식힌 할머니는 보자기를 풀러 술빵을 꺼내 내 손에 쥐여주셨다. 나는 술빵에 다문다문 박힌 강낭콩을 골라내어 할머니 입에 넣으며 콩은 먹지 않겠다고 투정을 부렸다. 담뱃대에 담배를 꼭꼭 눌러 담던 할머니는 투정부리는 손녀딸을 토닥이며 "아이고! 내 새끼. 콩을 먹어야 어서 크지." 하면서도 내가 아무렇게나 내민 콩을 받아 우물거리셨다.

멀리 산 아래로 하얀 옷고름이 고불고불 놓인 것 같은 신작로가 보였다. "할매, 어찌 우리 동네 신작로는 넓은디 고모네 신작로는 저렇게 쫍다?" 하고 묻자 "멍게 그렇게 쫍아 보이는 거여. 저만치 먼 길을 언지 다 간다냐. 어서 가자 아가." 하고는 보따리를 다시 머리에 이셨다. 산을 내려가는 길엔 가끔 옹달샘이 있어 목을 축이곤 했다. 산 아래 동네가 보이는 곳쯤에 소금이 다닥다닥 붙은 것처럼 생긴 엄청나게 큰 바위가 있었다.

그 바위가 거기에 있어서 재 이름이 소금바위였던 것이다. 그 소금바위는 내 나이가 많아질수록 점점 작아지고 시시해졌다. 그러다가 오래전 아스팔트길이 산을 넘더니 몇 해 전에는 긴 교각을 세운 다리와 터널이 생겨 소금바우는 눈에 띄지도 않는다. 동네 어귀에 염암鹽巖이라는 이정표만 하나 달랑 서 있다.

그때, 엄마가 장날에 사준 '간따꾸'를 입고 신나게 할머니를 따라나선 나는 대여섯 살이나 되었을까. 고모 댁에 가는 길은 나도 할머니도 무척 힘든 길이었다. 재를 넘고도 다시 먼 길을 걸어야 하는 고모네 집. 찻길을 걸어가다가 운 좋게 차를 만나면 손을 들어 타고 가기도 한다던 그 길을 아무리 걸어도 차는 오지 않았다. 고모 댁 마당에 들어서면 고모는 신발도 신지 않고 달려 나오며 "아이고 엄니. 어서 오시기요. 우리 애기도 왔네. 어린것이 얼매나 고생을 혔냐." 하며 고모는 눈물을 흥건히 흘리셨다.

고종사촌 오빠들은 곧잘 그 소금바윗재를 넘어 우리 집에 왔다. 올 때는 등에 감 자루를 짊어지고 와 우리 형제들을 기쁘게 했다. 오빠들이 감 자루를 등에 메고 오면 어린 우리들은 좋아했지만 어른들은 오빠들의 등짝을 어루만지며 "당초 이렇게 등짐을 지고 올 생각을 마라. 귀한 아들 잡겄다."며 쯧쯧 혀를 차셨다. 오빠들은 "어머니가 갖고 가라고 했그만요."하며 쑥스러워했다. 총각으로 성장하여서는 외가 동네인 우리 동네까지 와서 면민 콩쿠르대회를 열기도 하던 멋진 오빠들이었다.

땔나무도 필요없고 퇴비용 풀도 소용없어진 요즘엔 허위허위 넘던 그 고갯길은 흔적 없이 사라지고, 조금 비켜선 산등성이를 타고 수십 길 높이의 교각을 세운 고가도로가 위용도 당당하게 서 있다. 산 능선을 가로지르고 산 허리께엔 터널이 뚫려 있으니 소금바윗재는 날망이 사라져버린 것이다.

뿌연 먼지가 산을 이루던 산 아래 신작로는 넓은 아스팔트길이 되어 시내버스가 오간다. 그렇게 애틋한 마음으로 오가던 길이건만 이제는 고모부도 고모도 저세상으로 가시고 목사님이었던 작은오빠는 해외 선교활동 중에 하늘나라로 가고 말았다. 큰오빠가 아직 그곳에 사는데도 선뜻 발길이 닿지 않는다.

오늘 큰마음먹고 소금바위를 찾아보려고 길을 나서려니 할머니가, 고모, 고숙이, 오빠들이 그립다. 아련한 옛날이 그리워진다.

그가 떠오를 때면

손수건 한 장의 무게를 감당하지 못해 어깨가 처지고 손에 낀 장갑마저 거추장스러워져 걸음이 기우뚱거리면 그는 말없이 손수건을 옮겨가고 장갑을 벗겨 들어주었다. 한여름이 지나고 그늘엔 제법 남실바람이 불기도 하건만 내 얼굴은 땀범벅이 되고 숨이 턱까지 차올랐다. 헉헉거릴 힘조차 없이 기가 쏙 빠져 흐물흐물거렸다. 그는 그런 나를 이끌고 한 걸음 한 걸음 산길을 오르곤 했다. 걸음마를 시작한 아기를 돌보듯 서둘지 않았다.

그는 일주일에 두세 번, 서너 달 가까이 모악산母嶽山 오르는 연습을 시켰다. 처음엔 겨우 산언저리를 맴돌다가, 다음엔 계곡까지, 며칠 지나선 대원사까지, 그 다음엔 수왕사 절집까지, 그러다 보니 점점 거리를 늘려 정상까지 올라갈 수 있게 되었다.

어렵사리 그만큼의 등산을 성공하자 그는 비로소 이소離巢할 때 어미 새가 새끼의 날갯짓을 유도하듯 자기의 속도를 조금씩 내기 시작하며 앞서 걸었다. 나는 아기 새처럼 그를 따라 차츰차츰 산길 오르내리는 법을 익혔다. 그는 수년째 등산을 하고 있었으며 수영이나 스케이트 등 운동을 일상으로 여기는 친구였다.

그는 내가 헐떡거릴 때면 늘 고른 숨결로 나를 도왔다. 빈 몸도 무거워하는 나를 위해 배낭에 물, 커피, 초콜릿, 과일을 가져와 때와 장소를 가려 기운을 차리도록 먹게 했다. 자기는 한달음에 오를 수 있는 길을 내 속도에 맞춰 느린 걸음을 걸었다.

그와 나는 애인이냐는 소리를 들을 만큼 잘 지냈다. 함께 백두산 아래 대우호텔에서 밤 내내 울부짖는 장백폭포의 통곡을 들으며 분단국가의 한을 쓸쓸히 나누며 동북공정을 얘기하고 그나마 좋은 시대를 만나 평탄한 삶을 살 수 있음에 감사했다. 백두산은 능선을 곧추세우고 하늘에는 별을 쏟아 부은 듯 반짝거렸다. 주변은 호랑이라도 튀어나올 듯 깜깜한데 우리는 호텔 마당에 서서 그 많은 별빛을 고개가 뻐근하도록 오래오래 바라보았다. 새벽녘에는 창문 너머로 바짝 다가선 국자별의 말똥말똥한 눈망울을 한 방에서 함께 보았다. 우렁찬 폭포소리가 피워 올리는지 안개 속에서 다른 별들은 다 스러지고 북두칠성만 남아 있었다. 반짝임도 멎은 채 맑디맑은 그 별을 두고 차마 눈을 감을 수가 없었다. 그와 나는 그렇게 추억 위에 추억을 쌓으며도타운 정을 누렸다.

세 살짜리 큰아이를 유치원에 보내고 좋은 엄마가 되고 싶어 설레던 무렵, 이웃에 살던 그와 나는 가까워졌다. 그도 같은 유치원에 아이 둘을 보내놓고 올바른 교육을 고심하고 있었다. 그때는 지금처럼 성인교육을 하는 곳이 별로 없었지만 그 유치원 원장은 자녀교육을 위해서는 부모교육이 앞서야 한다며 부모들 교육에 심혈을 기울였다. 우리는 앞서가는 원장의 교육법에 맞춰 부모 워크숍에 참여하고 자녀와의 소통을 위해《커뮤니케이션 대화법》을 수년 동안 공부했다. 숙제하듯《에밀》을 탐독하고,《탈무드》를 읽고, 함께 대화법을 연습하며 엄마 노릇을 잘하려고 노력했다. 둘째도 유치원에 들어가자 우리는 아이들에게 많은 경험을 하게 하자며 아이들을 앞세우고 문화와 역사적 자취를 찾아다녔다. 자연생태를 이해하고 관찰능력을 기르기 위해 자주 들로 산으로 나갔다.

그러던 가운데 그는 나의 체력이 약하다는 걸 알고 모악산 산행을 권유하고 손을 잡아 주었던 것이다. 고마운 마음으로 따라 나섰지만 너무나 힘이 들었다. 한 걸음 한 걸음이 천근만근이었다. 그러나 온몸이 흥건하도록 땀을 흘리고 나면 얼마나 가뿐하고 상쾌한지 삶에 푸르름이 스미고 새소리가 들리는 듯하였다. 평생을 두고 생각해도 잊을 수 없는 고마움이다. 고마움이 어찌 한둘이랴. 막내를 낳고 퇴원할 때 그는 갓난아이를 고이 안고 내 앞장을 섰다. 마치 친자매처럼 산모와 아이를 돌봐 주고 염려했다. 딸아이가 유아세례를 받을 때는 기꺼이 대모가 되어 주었고, 우리 아이들을 위해 끊임없이 기도를 해준 그. 이런저런 일들을 떠올리면 가슴이 뭉클하다.

그는 오히려 나에게 고맙다고 한다. 내가 팔짱 뛰면 손을 꼭 잡고 "고마워. 함께해줘서 정말 고마워."라고 말한다. 그는 고전무용을 한다. 몇 해 전 초가을날, 나의 주선으로 〈일월오봉도〉가 펼쳐진 서울 인사동 남쪽 야외무대에서 그가 한량무와 기생춤을 추었다. 그때 의상을 갈아입는 시간을 메우기 위해 난 시낭송을 두 편이나 했다. 그의 독무가 관객들의 우레와 같은 박수를 받을 때 난 내 일인 양 가슴이 두근두근 행복했다. 새벽부터 그의 옷가방과 갓 상자를 들고 잦은걸음을 쳤지만 힘들지 않았다. 그의 아름다운 모습을 놓칠세라 수십 장의 사진을 찍어 인화를 맡기고 액자를 만들어주는 기쁨까지 누렸다.

그렁저렁 우리는 서로에게 고맙고 서로가 애틋하다. 오래 전 이맘때, 하늘이 아주 높고 푸르른 날, 그가 유럽여행을 떠났다. 나는 그날 왠지 일손이 잡히지 않아 서성였다. 옥상에 앉아 하늘만 바라보고 있었다. 구름 한 점 없이 맑은 하늘에 비행기가 오가는데 왜 그리 눈물이 쏟아지던지. 서편 하늘을 반짝이며 오가는 비행기를 세다 보니 어느덧 해가 지고 어둠이 깃들었다.

어두운 후에도 빛을 깜빡이며 비행기는 오가고 난 울컥울컥 나를 돌이키며 어둠으로 잦아들었다. 지금도 잊히지 않는 그날의 쓸쓸함이라니.

우리가 아이들을 위해 정성을 쏟던 가르침이 스스로를 위한 배움이 된 듯 문화와 역사의 유적을 좇으며 자연을 벗 삼아 삶을 즐긴다. 얼마 동안 원치 않은 일로 조금은 소원해진 우리의 관계가 가슴을 누른다. 올가을에는 그와 더불어 모악산을 천천히 오르고 싶다. 그나 나나 그때의 젊음을 놓친 지 오래지만 난 그를 믿고 그도 나를 믿을 것이다. 모악산 산행이 어찌 순탄하기만 하던가. 꾸준히 걸어온 인생길이 그가 나를 이끌어준 산행길 같은 연습의 장이었다면 그 길이 숨차지만은 않을 것이다. 더구나 숨을 고를 줄 아는 지혜를 얻었으니 싸목싸목 모악산을 올라야지. 모악의 너른 품을 느끼고 감사하며 그의 손을 가만히 잡으련다. 그를 만나면 늘 가슴에 떠오르던 말, '고마워'를 꼭 전해야지.

강을 건너는 우덩

자갈밭을 겅중겅중 뛰는 풀이 있다. 뛰는 게 그의 특성이라 모래밭을 걸을 때도 성큼성큼 걸음 너비가 멀다. 그는 뿌리로 덤벙덤벙 달음질을 한다 하여, 또는 뿌리를 달고 다닌다 하여 이름이 달뿌리풀이다. 키다리 달뿌리풀은 뿌리가 가늘고 줄기도 가냘프다. 무더기로 바람에 쓰러지기 쉽다. 덤벙거리니 자칫 넘어지기도 할 것이다. 달뿌리풀을 '덩굴달'이라고도 하며 그냥 '달'이라 부르기도 한다.

우리 아버지는 달뿌리풀을 '우덩'이라고 한다. '강을 건너는 우덩'이란다. 우덩이라니. 풀이 강을 건너다니? 우덩이라는 풀 이름이 낯설어 몇 번이나 되물으며 확인하다가 슬며시 말머리를 돌리고 만다. 딸이 시원스럽게 알아듣지 못하니 아버지도 못내 아쉬울 게 분명하다. 내가 못 알아들어 안타까운들 아버지 당신만큼 답답하랴.

아니, 그렇게도 정정하던 아버지가 언제 그리도 늙으셨는지. 어느새 귀는 어두워져 큰 소리를 쳐야 하는지. 소리가 클수록 웅웅 울린다는 보청기가 얼마나 거추장스러울까. 안타깝고 송구스러운 마음이 가슴을 짓누른다. 나이 칠십이 되도록 모르는 것 있으면 "아버지, 이러저러한 그것이 무엇이지요?" 또는 "아버지, 그 옛날 어쩌고저쩌고 했을 때 이야기 좀 들려주세요." 하며 어리광을 부리고 살았는데. '이제 어쩌지?' '이제 누구에게 임의롭게 물어보며 세상을 살지?' 가슴이 싸하도록 깊은 슬픔이 밀려온다. 아버지는 딸의 물음에 도움이 될까 하여 숨찬 소리를 이어 달뿌리풀 얘기를 건네주신다.

"고것이 갱변 자갈밭이서 사는디 가물어 강물이 줄어들잖여? 고게 그걸 어뗗게 알고 '때는 이때다' 허고 얼릉 서둘러 강바닥을 기어 건너간당게. 고것이 소한티는 쌀밥이여."라는 그 말로 풀이 강을 건너간다는 수수께끼는 풀렸다. 그럼 혹시? '소가 좋아하는 덩굴'이란 뜻으로 '우덩'이라고 이름을 붙였을까? 아버지가 힘들까봐 나 혼자만 속으로 생각해 본다. 물이 밭은 강을 가로질러 줄기를 뻗으며 자갈밭에 뿌리를 내리는 달뿌리풀의 마디진 줄기가 눈앞에 선하다. 섬진강 최상류 강가에 살면서 실제 보아온 눈에 익은 풍경이다.

우리 형제들은 해가 설핏할 무렵이면 아버지가 새벽에 메어 둔 소를 데리러 가곤 했다. 달뿌리풀이 무성한 강변에서 배가 불룩하도록 풀을 뜯은 소는 우리 형제들을 먼저 알아보고 "움무~~." 길게 소리 내어 반겼다. 소는 달뿌리풀을 무척이나 잘 먹었다. 하루 종일 고삐가 닿는 만큼의 반경을 돌며 달뿌리풀을 뭉텅뭉텅 잘라 먹고는 풀섶 그늘에 배를 부리고 앉아 되새김질을 한다. 커다란 눈을 껌벅이면서 가끔 꼬리를 흔들어 파리를 쫓기도 하고 부드러운 소리로 송아지를 어르기도 하면서.

달뿌리풀 이름이 여럿인 것은 지역에 따라 다르게 불렸기 때문일 것이다. 요즘처럼 온 국민이, 또는 온 세상 사람이 함께 누릴 수 있는 대중매체가 없던 옛날, 하나의 풀을 부르는 이름이 지역마다 다를 수 있어 하나로 통용되기는 어려웠을 것이다. 그러한 이름들이 어찌 달뿌리풀 하나뿐이랴. 이름뿐이 아니다. 비슷한 식물들을 구별하기도 매우 아리송하다. 우리는 흔히 갈대와 억새를 두고 혼동을 한다. 식물들은 비슷비슷하여 이름 가리기 어려운 것들이 꽤 많다.

식물에 관심을 기울인지 퍽 오래되었다. 그렇지만 식물은 각각이면서 하나인 듯 이름 외우기가 쉽지 않다. 평생 산과 들을 누비며 살아온 아버지는 야생식물에 대해 잘 아신다. 식물도감이나 인터넷 검색으로 아리송할 때 아버지께 여쭈면 웬만한 것은 거의 알려주셨다. 게다가 덤으로 얻는 아버지와 딸의 스토리

텔링은 더욱 알겠다. 오늘도 제법 오랫동안 이런저런 방법으로 공부를 했지만 막상 줄과 달뿌리풀 구별이 헷갈려 전화를 드렸던 것이다. 그런데 어느덧 구순에 이른 아버지가 전화 소리를 잘 듣지 못하시니 어찌 섧지 않으리.

나는 아버지가 스무 살 때 아버지의 맏딸로 태어났다. 자라면서 늘 아버지가 어려우면서도 든든했다. 옆 마을의 어르신들이 "뉘댁 따님이신가?" 물었을 때 아버지 이름을 대는 게 왠지 뿌듯했다. 아버지를 신뢰하는 만큼 세상 남자들을 마냥 좋은 눈으로 바라볼 수 있었다.

물가에 사는 달뿌리풀은 이삭이 달린 벼과식물이다. 물을 맑게 해주는 탁월한 능력을 가진 환경정화식물이기도 하다. 환경파괴가 심한 요즘 세상에 물을 깨끗하게 해줄 수 있는 꼭 필요한, 참으로 소중한 식물인 셈이다.

여름이 무르익어 가는 소리에 끌려 강줄기를 찾아 나섰다. 기관이나 주민들까지 합세하여 자연환경에 관심을 둔 덕에 크고 작은 강들은 말끔하게 꾸며져 있다. 강가에는 공원이 만들어지고 다방면으로 길을 내어 다양한 식물들이 색색의 꽃을 피우고 있다. 가는 곳마다 꽃길, 꽃동산이다. 강가의 촉촉한 물기로 식물이 우거지니 새들이 모여들고 물에는 물고기도 많은지 새들의 눈초리가 분주하다. 가뭄에 식물들이 타들어간다고 아우성인데 강가의 식물들은 싱싱하다. 긴 세월 마른 땅에서 길들여진 식물들까지 물 찾아 강가로 내려와 버젓이 자리를 잡고 꽃잔치에 흥겹다.

그 가운데서도 물을 좋아하는 버드나무들이 숲을 이루고 강변을 따라 여기저기 달뿌리풀이 한창이다. 초록으로 한껏 멋을 부린 자연 덕에 내 마음도 푸르러진다. 지천으로 널린 초록빛깔이 이렇듯 찬란하다는 걸 새삼 깨닫는다. 그렇다고 물가에 달뿌리풀만 있는 건 아니다. 키가 큰 그와 비슷한 갈대, 줄, 모새달, 억새와 같은 무리들이 울창하여 풀밭, 아니 풀숲이다. 겨우 반세기 전, 벌겋게 벗겨진 채 신음하던 산과 메마른 들녘이 언제 이렇게 초록 숲이 되었는지.

지금이 그때라면 이 많은 풀들은 퇴비나 땔감으로 베어졌을 테고 드넓은 풀밭은 군데군데 누런 어미 소가 쉼 없이 풀을 뜯을 것이다. 옆에는 그림처럼 송아지가 어미젖을 먹으며 긴 속눈썹을 깜박이면서 한가롭겠지. 마루에 둔 책도 거뜬히 먹어치우던 까만 염소는 배가 똥그래질 때까지 이 많은 풀을 뜯으며 행복하겠지. 그때는 소, 염소, 토끼, 닭, 돼지까지 풀을 먹여 길렀다. 사료라는 말 대신 '꼴'이라는 예쁜 우리말을 쓰고 살았지. 아이들도 학교에서 돌아오면 으레 꼴망태를 짊어지고 꼴을 베러 나가곤 했지.

물가에 우거진 달뿌리풀이나 갈대를 볼 때면 먹먹한 감정이 앞선다. 이른봄부터 돋기 시작하는 그들은 언제나 혼자가 아니다. 군락을 지어 산다. 텅 빈 줄기에 2~3미터나 되는 큰 키로 살아야 하는 제 몸의 특성을 고려한 삶의 방식이다. 가늘고 크니 바람이 세차게 불면 쓰러지지 않고 어이 버티랴. 장마에 큰물이 지면 영락없이 쓸려가고 말 것을 왜 모르겠는가. 이 풀들도 지혜로워 그걸 잘 알고 방책을 세운다. 저희들끼리 무리를 지어 가는 뿌리일망정 서로 얽히고설켜 뗏장처럼 단단히 붙잡는다. 가는 줄기가 쓰러질까봐 서로서로 의지하며 산다. 물가에 터를 잡았으니 물이 불었을 때 잠기지 않으려면 덜썩 클 수밖에 없다.

내가 이맘때쯤 일부러 그 광경을 보며 감동의 눈물을 짓는 이유는 그것만이 아니다. 줄기 속이 텅 빈 초록줄기가 짱짱해지는 여름까지 줄기들 사이에서 차마 사그라지지 못하고 서 있는 누렇게 바랜 노구 때문이다. 풀의 어미는 세상 무서운 줄 모르고 폭풍성장하는 여린 것들에 마음을 놓을 수 없다. 계절이 지나고 죽어서 삭은 몸은 벌써 비바람에 꺾여 나갔지만 어린 줄기를 보호할 만큼의 길이로 남아 새 줄기를 지키는 버팀목이 된 것이다. 그 모습이 어찌 제 자식의 홀로서기를 돕는 인간과 다르다고 할 수 있을까. 어찌 포유류만이 모성이 있다고 할 것인가.

이 깨달음 전에는 때깔 좋은 초록 무리에 누리끼리한 모습으로 서있는 모습을 '죽어서까지 무슨 미련이 남아 저럴까.' 하고 비웃었다. 지금은 곡해를 한 게 몹시 부끄럽다. 팔십 세 노모가 육십 세 자식에게 '길조심하라'는 건 괜한 기우가 아니라 부모의 진정한 사랑인 것을. 주검이 되어서도 새로 돋는 풀이 짱짱하게 설 때까지 곧추 받혀주는 코끝이 시큰해지는 보살핌이다. 죽어서도 아주 죽지 못하는 부모의 사랑이다.

칠십이 되어도 인터넷 검색보다 몇 백 배 아버지의 말씀이 그립고 미더워 나는 다시 전화를 한다. "아버지, 우덩이 맞지요?" "그려. 그려. 소 쌀밥 그것이 강을 건너는 우덩이여." 아버지의 목소리가 달뿌리풀의 빛바랜 줄기에 실려 숨이 가쁘다.

날이 밝으면 나의 뿌리를 들고 아버지에게로 겅중겅중 달려가야지. 나는 아직도 사그라지기 직전인 아버지의 누런 줄기에 기대고 사는 유월의 여린 우덩이다.

04

아침이 오는 소리

몽골의 아침은 먼 말발굽 소리로 다가왔다. 귀를 세우니 아득하던 발소리는 어느새 우리가 머무는 게르 옆을 스치며 말들의 콧소리가 지척에서 들린다. 싱그러운 바람마냥 경쾌하다.

천장에 뚫린 구멍으로 여명을 담은 하늘이 빠끔히 보인다. 한여름인데도 몽골의 밤은 난로에 장작을 지피고 이불을 덮고 잘 만큼 싸늘했다. 달빛에 숨죽인 별을 헤느라 게르 밖을 들락거릴 때는 두터운 숄을 둘러야만 했다.

아침이 되도록 보름달은 아직도 초원을 다 지나지 못하고 서녘 하늘을 멈춘 듯 더듬어가고 있다. 밤 내내 파르스름한 달빛이 넘실대던 초원에 희뿌윰한 새벽빛이 어슬어슬 채워지고 풀밭에는 이슬이 담뿍 내려 발목을 축축하게 적신다. 어젯밤 네댓 차례나 울부짖던 늑대는 사라지고 없다. 새벽녘 어스름에 늑대 울음 소리에 문을 살짝 열고 내다보니 커다란 늑대가 천천히 지나가고 있었다.

우리가 묵고 있는 고비 문(GOBI MON)은 가도 가도 끝이 없을 것 같은 초원 한가운데 있는 유목민 체험장이다. 현대식 건물을 중심으로 게르 열대여섯 동이 다문다문 지어져 있고 가축들이 비켜갈 수 있도록 나지막한 울타리가 넓게 둘러 있다. 이제 막 피기 시작한 코스모스가 아침이슬을 맞아 싱그럽다.

'푸른 하늘의 땅'이라는 전설을 가진 몽골은 하늘에서 내려온 푸른 이리가 흰 사슴을 아내로 맞아 건설한 나라라고 한다. 푸른 하늘을 배경 삼아 끝없이 펼쳐진 드넓은 풀밭. 그 위에 펠트천으로 지은 하얀 집들은 마치 자연과 하나인 듯 서로 잘 어울린다.

가만가만 빛이 퍼지더니 둥두렷한 먼 산에 해가 돋으려는지 산 너머 빛이 부챗살처럼 퍼지기 시작한다. 저만큼 사랑하는 사람의 모습이 나타날 때처럼 나도 모르게 긴장이 된다. 산허리를 붙잡고 듬성듬성 무리 짓던 구름들이 점점 하늘 높이 올라가고 먼동이 틀 무렵 쌀쌀하게 소름을 돋우던 찬바람도 슬며시 꼬리를 내렸다. 발길에 채이던 이슬마저 차츰 땅으로 스며들어 풀들이 보송보송하다.

눈부신 햇살이 오르자 초원에 있는 것들이 제각각 그림자를 펼친다. 내 그림자도 어느새 길게 울타리를 넘어 초원을 앞장서서 걷는다. 이곳은 풀밭이 길이다. 말과 양 그리고 염소와 같은 가축들이 수없이 오가며 풀을 뜯어먹고 밟고 지나지만 풀은 다시 제 작은 키를 세워 풀밭을 만든다. 저만큼 멀리 어제는 없던 게르 한 채가 생겼다. 길 없는 길을 달려와 새벽녘에 지었나 보다. 어디선가 머물던 집을 싣고 왔는지 트럭 한 대가 게르 옆에 있다.

일망무제의 초원을 걸어 언덕 같은 산을 오른다. 땅이 얼마나 넓은지. 시야를 가리지 않는 하늘이 얼마나 큰지. 동산에서 떠서 서산으로 넘어가는 해의 길이 하늘인 줄만 알고 자란 나는 이런 넓은 땅, 탁 트인 하늘을 보면 나도 덩달아 가슴을 넓히고 싶어진다. 산중 아이를 놀라게 한 금만경 들녘을 본 것도 성인이 된 후였다. 여기 와보니 그 옛날 요동평야를 바라보던 연암 선생의 심경을 알 것만 같다. 아, 나도 그처럼 통곡하고 싶구나.

내가 너른 땅에 작은 돌멩이 같다는 생각을 하며 싸목싸목 초원을 걸으니 이보다 더 여유로울 수가 없다. 세상 속에 있으면서 세상을 잊은 것처럼 한없이 한가롭다. 무에 그리 바쁘다고 날마다 헐떡거리며 살았는지. 여기 있는 동안만이라도 한 몸으로 열 가지 일을 하던 나를 쉬게 하자. 눈은 눈대로, 귀는 귀대로, 손은 손대로, 겹치기 일을 하면서 허우적거리던 일상은 사라졌다. 생각조차 내려놓고 그냥 인생의 한 여백을 가꾸는 것이다.

발아래에는 손가락만 한 길이로 꽃을 피우고 열매를 맺는 온갖 꽃들이 지천으로 널려 있다. 바위솔이 수십 년 터를 잡고 살았는지 무더기무더기 바위처럼 단단하게 뭉쳐 있고, 내가 화분에 서너 촉씩 심어 즐기던 물매화가 여기서는 텃밭에 씨 뿌려 가꾸는 것만큼이나 오보록하다. 백두산 식물탐사 땐 감시자의 눈길을 의식해 자유롭지 못했는데 이곳에서는 마음대로 살필 수 있으니 제대로 꽃 호강을 누린다. 가축들에게 밟히고, 매서운 추위와 목마름을 견디고, 강풍을 이기며 살아가는 풀들이 참으로 대견하다. 그렇게 다져진 삶이어서인지 한 발짝만 떼어도 마구 밟히는 이 많은 풀꽃들이 밟히고도 끄떡 없이 말짱하다. 조그마한 일에도 곧잘 상처를 받아 분노하고 우울해 하던 일들이 부끄럽게 떠오른다.

평퍼짐하여 높은 줄도 모르고 올라온 산 날망에 자그마한 어워가 있다. 누구의 기도가 처음이었는지 모르지만 쌓이고 쌓인 기원들 위에 나도 소원 하나를 얹어 놓고 이곳 사람들의 풍습을 따라 왼쪽으로 세 바퀴를 돌았다. 울란바토르에서 남쪽으로 오십여 킬로미터 떨어진 이 지역은 산이라야 나무 한 그루 없이 온통 풀만 있다. 그 많은 풀들은 흐벅지지 않고 잔디같이 키가 작고 빼세다. 언덕 같은 산 위에 서서 보니 사방이 끝도 없는 초원이다. 초원에 드문드문 있는 게르가 바둑판의 바둑돌처럼 놓였다. 군데군데 가축들이 무리지어 조그마한 점처럼 박혀 있다. 풀밭에 실 같은 금을 반듯하게 또는 구불텅하게 그어놓은 듯한 흙길이 눈에 띈다. 참 이채롭다. 왜 이렇게 가슴이 벅찰까. 그러고 보니 여기 또한 갓난아기의 꾸밈없는 소리를 본받아서 한바탕 울어볼 만한 곳이 아니겠는가. 《열하일기》의 호곡장好哭場을 떠올리니 천리인 듯 만 리인 듯 펼쳐진 초원이 천천히 나에게로 다가온다.

마음을 채우고 구릉에서 돌아오는 길, 사방천지가 다 풀밭인데 어디를 찾아 가는지 몇 무리의 양떼와 염소 떼가 오갔다. 말들도 떼 지어 지난다. 풀을 뜯기도 하고 해찰도 하면서 저들끼리 장난도 치고 서로 부비기도 하면서 오늘 하루의 새 출발을 하는 모양이다.

둘째 딸내미가 저 아래 초원에서 두 손을 흔들며 어서 오라 손짓을 한다. 아침나절은 동행인 소아과 의사선생님과 유목민의 집에 가기로 했다. 어제도 방문하여 수타차와 콜콜한 치즈과자, 말린 양고기를 대접 받고 곁들인 마유주에 얼굴이 빨개져서 돌아왔는데 오늘은 의사선생님이 그 집 다섯째를 진찰하는 동안 나는 달덩이같이 뽀얀 갓난아기를 실컷 안아주고 와야겠다.

샘바다의 부부나무

탱글탱글 여문 햇살이 차창을 넘실거리는 날. 부모님을 모시고 길을 나섰다. 〈정읍사〉와 망부석을 보여드리며 옛날에 불렀던 달 노래를 어머니와 함께 불러보고 싶었다. 그 노래를 아버지께 직접 들려드리고 싶었다. 요즘 부쩍 쇠잔해지는 것 같아 두 분의 젊음을 상기시켜 드리고 싶은 마음도 컸다.

가는 길목에 있는 역사 속의 샘터를 찾았다. 정읍이라는 지명의 시원始原인 샘바다, 정해井海라는 샘이다. 샘물이 얼마나 넉넉하게 솟았으면, 얼마나 풍족한 물을 바랐으면, 우물에 바다라는 이름을 붙였을까.

샘바다 어귀에 이르니 샘보다 앞서 손자목을 거느린 '부부나무'가 널찍한 그늘을 펼치고 반긴다. 덥석 부부나무 아래로 들었다가 주춤 걸음을 멈추었다. "세상에, 세상에, 다정도 하시어라." 민망할 만큼 서로 꽉 껴안고 있는 커다란 두 나무를 보고 놀랐지만 우리는 서로 바라보며 낯꽃이 환해졌다.

400년이 되었다는 부부나무는 두 그루가 아예 한몸이다. 딱딱하고 단단한 팽나무가 부드러운 왕버들나무를 틈 하나 없이 한몸처럼 껴안고 있다. 생김새도 성격도 다른 남녀가 부부의 연을 맺어 백년해로를 하듯이, 생판 다른 이 두 나무도 하나가 되어 400년 긴 세월을 산 것이다. 긴긴 세월 서로를 의지하며 살아온 경이로운 두 나무를 공손히 배알했다. 왠지 모를 뜨거움이 이는 듯하다.

아버지와 어머니는 열아홉 살과 스무 살에 만나 70년 남짓 한몸처럼 사신다. 어머니가 늘 약봉지를 달고 살지만 아버지는 불평 한번 한 적 없이 어머니를 거들며 세월을 달게 꾸려 가신다. 지극정성으로 서로를 위하고 배려하는 아름다운 모습을 보며 나도 혼인하면 그리 살겠거니 했다.

그러나 막상 혼인을 하고 보니 둘이 하나가 된다는 건 아픔이고 고뇌라는 걸 알았다. 대장간의 쇳덩이처럼 담금질로 연마해야 하는 게 부부의 사랑이었다. 더구나 세상은 비바람이 불고, 천둥 번개가 치고, 세찬 파도가 밀려오기도 한다. 사랑을 한다는 건, 부부가 한마음 한몸이 되기 위해선, 제 색깔을 지우고 상대를 위해 끊임없이 기도하듯 마음을 닦아야 했다.

모양도 속성도 다른 두 나무가 한몸이 되어 아름드리 거목으로 성장하기까지 시련도 많았을 것이다. 꼬장꼬장해 보이는 팽나무가 펑퍼짐한 왕버들을 껴안고 있는 모습이 정겹기 그지없다. 둘이 하나로 살면서 결코 수월치만은 않았을 두 나무. 이 나무 아래서 부부가 함께 소원을 빌면 금슬이 좋아진다고 한다. 툭 하면 부부의 언약을 버리고 가정을 팽개치는 경우도 많은데 이 마을엔 이때껏 이혼한 부부가 한 사람도 없었다니. 아무래도 부부나무가 말없이 주는 교훈이 바로 살아 숨쉬는 경전이었던 게지.

부부나무 바로 옆에 있는 정해井海라는 새암은 바다와 같이 물이 넉넉한 샘이다. 이 우물은 샘물이 한없이 솟아나 수백 년 동안 마을의 생명수가 되었다. 바로 이 마을의 이름이기도 하다. 지금은 샘가에 설치한 우물 정자(井) 안에 고요히 들어앉은 샘물. 푸른 하늘이 들어와 하얀 구름과 노닐고 있다. 부부나무의 가지들도 담을 넘어와 잔잔한 초록웃음으로 함께 어울린다. 실바람 속삭임에 샘물이 다소곳이 되작인다. 아무리 가물어도 마른 적이 없었다는 샘바다. 부부나무는 달이 뜨는 밤이면 달빛으로 몸을 씻고, 별 돋는 밤이면 별빛으로 마음을 닦으며 풋풋한 사랑을 가꾸었으리.

백제시대에는 정촌현井村縣으로 불렸던 정읍井邑이라는 지명도 정해마을 큰 샘에서 비롯되었다고 한다. 더욱 놀라운 것은

이 마을이 바로, 현재까지 존재하는 유일한 백제가요 〈정읍사〉의 발원지라는 것이다. 이 샘이 정읍사 설화 속 도림과 월아 낭자의 사랑이 이루어진 곳이라니. 이 새암가 버드나무 아래서 단소를 불면서 사랑을 이루고, 행상을 나가고, 고갯마루에서 낭군님을 기다리다 기다리다가 망부석이 되었다니. 그리고 그 귀한 〈정읍사〉를 탄생시켰다니.

전주천을 따라 걸어요

전주는 후백제의 왕도이며 조선왕조 개국의 발상지다. 그만한 역사의 중심에 있던 전주에 천주교의 역사도 널리 뿌리 내렸다.

그중에서도 전주천의 상류인 중바위산 아래 몽마르트부터 산 정상 가까이까지 펼쳐진 치명자산 성지가 있다. 치명자산에는 전국에서 오는 순례자들이 끊이질 않는다. 그곳에는 예수의 마지막 시간을 기억하며 구원의 신비를 묵상하는 골고타 십자가의 길이 이어지며 세계에서 유일한 동정부부인 유중철 요한과 이순이 루갈다 부부와 그 가족이 묻혀 있는 묘가 있다. 그뿐이 아니다. 바위 위에 4m나 되는 돌로 만든 십자가가 세워져 있으며 기이하게도 만삭의 동정마리아의 모습을 한 천연바위가 있다. 암벽에 성당이 있어 미사를 드리고 치명자산을 찾는 이들의 기도처가 된다. 내가 어릴 적만 해도 중바위산(승암산)이라 불리던 곳을 이젠 누구나 치명자산이라고 부른다.

치명자산 성지에서부터 전주천 물길을 따라 천주교의 역사를 돌아보기로 한다. 전주천은 완주 슬치재에서 발원하여 전주 시내를 가로질러 만경강으로 흘러간다. 그리 넓지 않은 도시 하천이지만 상류부터 하류까지 잘 가꿔져 걷기에 불편함이 없고 철 따라 억새를 비롯한 꽃길이 아름답다. 물이 맑아 수달과 쉬리가 살고 물가 풀섶에는 새들이 둥지를 틀며 철새들도 날아든다. 여기저기 쉼터가 있어 아무때나 쉬엄쉬엄 산책하기에도 좋다. 가끔 돌다리를 건너 이쪽저쪽을 오가기도 하고 맑은 물에 발을 담그고 앉아 강에 비친 전주 시내를 내려다보기도 하며 판소리 한 가락 뽑아보거나 시 한 수 읊는다면 제대로 전주의 멋을 부리는 것이다.

치명자산 성지에서 내려와 한벽당 아래 전주천을 따라 걷다 보면 고풍스런 전동성당이 나온다. 한옥마을과 경기전, 풍남문, 향교 등과 이웃하고 있으며 타 지역 순례자들은 물론이고 관광객들의 발길이 끊이지 않는 곳이다.

전동성당은 세운 지 100년이 훨씬 넘었다. 한국 천주교회 최초의 순교자인 윤지충과 권상연이 1791년 신해박해 때 처형당한 풍남문이 있던 바로 그 자리에 세워진 성당으로 '순교일번지'

로 일컫는다. 프랑스 파리 외방 전도회에서 온 보두네 신부가 완전한 격식을 갖춘 로마네스크 양식으로 지었으며 짓는 데 23년이 걸렸다. 국가지정 사적 제288호이다. 전동성당은 우리나라에서 가장 아름다운 성당으로 꼽힌다. 명동성당과 많이 비슷하지만 명동성당보다 더 예쁘다. 신앙의 요지인 전동성당은 성당 건물보다도 더욱 의미가 깊은 '순교일번지'로서 우리나라 천주교회의 역사가 깃들어 있는 곳이다.

전동성당에서 싸전다리를 건너 완산동 쪽으로 조금만 걸어가면 곤지산 초록바위가 있다. 신앙의 자유가 없던 시대에 천주교를 믿는다고 이곳 초록바위에서 전주천으로 밀어 넣어 수장을 시켰던 곳이다. 높은 낭떠러지였던 초록바위는 제방공사를 하면서 많이 깎여나갔기 때문에 예전 모습은 아니라고 한다. 깎아지른 절벽의 완전한 모양을 볼 수 없지만 초여름이면 초록바위 부근에 있는 이팝나무 군락에 꽃구름이 덮여 장관을 이룬다. 그곳을 지나는 사람들은 이팝나무 꽃구름을 보기 위해 걸음을 멈추고 초록바위에 얽힌 사연을 읽곤 한다.

거기서 조금 떨어진 서천교도 역시 순교 터이다. 이곳에선 단지 천주교도라는 이유로 조윤호라는 청년이 18세 젊은 나이로 처형을 당했다. 조윤호는 최양업 신부의 복사였던 조화서의 아들로 아버지는 숲정이에서, 아들은 서천교 아래서 열흘 간격으로 각각 순교를 했다. 이들 부자는 한국 천주교 200주년 기념

때에 성인의 반열에 올랐다. 서천교 부근 순교 터에 조윤호 성인 순교 기념 모자이크 벽화가 세워져 있다.

서천교에서 도토리골 다리를 지나 약 한 시간 남짓 천변을 걷다 보면 진북초등학교(구 해성학교 자리) 앞에 숲정이(지방문화재 제71호)가 있다. 순교자의 피가 마를 날이 없었다는 이곳은 옛날에는 숲이 칙칙하게 우거져 있어 숲머리 또는 숲정이라고 했단다. 순교자들의 이름이 연도별로 적힌 기념비가 여러 개 있어 보는 이로 하여금 역사를 거슬러 올라가보게 한다. 일제 때는 일본인들이 십자가를 떼어내고 대신 제나라 우상단지를 설치해 놓고 기도 대신 신사참배를 하게 했다고 한다. 수녀님들은 정해진 날에 강제로 신사참배를 해야만 했다고 한다.

신해박해를 시작으로 신유, 정해, 기해, 병인박해 등을 겪으면서 우리나라 천주교인들은 많은 피를 흘렸다. 가족이 몰사를 당하기 일쑤였다. 천주교가 인간의 평등과 존엄성을 강조하여 전통사상을 파괴하고 프랑스 세력과 내통한다 하여 전국에서 만여 명의 신자가 처형을 당했다니. 우리나라 곳곳을 돌아보면 순교지가 많다. 인간에게 종교란 무엇인지, 목숨보다도 중한 것인지, 세상은 왜 종교적 갈등이 끊이지 않는지 생각해 보게 한다.

전주천을 산책 삼아 걷다가 때로는 주변을 돌아보는 것도 좋을 듯하다. 서로의 종교를 탓하지 않고 역사적으로 살펴본다면 종교를 알아가는 소중한 여행이 될 듯하다. 다음엔 남문교회, 완산교회, 서문교회 등 기독교를 중심으로 돌아보고 그 다음엔 승암사, 진북사 등 불교를 중심으로 돌아볼 예정이다. 그도 의미 있을 성싶다.

정읍사와 어머니

달은 그리움이다. 밤하늘에 달이 돋으면 신비롭게도 마음이 달에게로 모아진다. 은은하게 비추는 달빛에 슬며시 그리움이 솟는다. 하염없이 달을 바라보며 고요히 속마음을 잠재우기도 한다. 달빛 아래선 월궁항아가 아니어도 괜찮다. 달님은 왠지 어질어 박색을 탓하지 않고, 눈물 머금은 소원을 고개 끄덕이며 들어줄 것만 같다.

〈정읍사〉를 읊조리면 가슴이 우릿하다. 먼 곳에 나가 돌아오지 않는 지아비를 염려하고 그리움이 짙어 망부석이 된 백제의 여인과, 서로를 애틋이 여기며 백년해로를 하시는 우리 부모님의 모습이 겹쳐 보이기 때문이다. 나이를 먹고 보니 〈정읍사〉 여인의 지아비에 대한 사랑이 참으로 애틋하다.

아버지는 내가 여섯 살이 되어서야 군대에 가셨다. 무서리 내린 어느 날 새벽, 동네 어른들까지 모두 나와 신작로 가에서 있는데 소재지에서 달려온 버스가 아버지를 태우고 훌쩍 떠났다. 젊은 엄마는 동생을 업은 채 남의 집 울타리 뒤에서 흐느껴 울었다. 그 후 엄마는 삼 년이란 긴 세월을 달을 보고 울었다. 그럴 때면 어린것이 뭘 안다고 엄마를 안아주며 함께 울기도 하면서 엄마를 달래곤 했다.

집 모퉁이는 청상인 시어머니의 시야에서 벗어나기 좋은 곳이었을 게다. 달 밝은 밤이면 어머니는 어린 딸과 모퉁이에 앉아 "달아, 달아, 밝은 달아, 너는 눈이 하나여도 먼 데 간 울 아버지를 볼 수 있는데 우리는 눈을 둘이나 달고서도 울 아버지를 볼 수가 없구나. 보고 싶은 우리 아버지 밤마다 볼 수 있는 달아, 우리 아버지 잘 계시는지 안부나 좀 갖다다오. 우리 잘 있다고 안부나 좀 전해다오."를 노래마냥 읊조렸다. 옷고름으로 눈물을 꾹꾹 찍어내는 엄마의 그 노래를 나도 따라 부르곤 했다. 어머니는 달이 뜨는 밤이면 지아비에 대한 걱정과 그리움을 달님에게 털어놓곤 했을 것이다. 나는 그때 달처럼 눈이 하나면 아버지를 볼 수 있는 줄 알고 가끔 눈 하나를 손바닥으로 가리고 어머니가 가리키던 산 너머 북쪽 하늘을 바라보곤 했다. 아버지가 보이지 않으면 한쪽 눈에 더 힘을 주어 감았지만 한 번도 아버지는 보이지 않았다. 깜깜해서 안 보이나 하고 밝은 대낮에도 한쪽 눈을 감고 북쪽 하늘을 가끔 바라보았지만 허사였다.

학교에서 〈정읍사〉를 배우면서 깜짝 놀랐다. 달을 보며 먼 곳의 지아비를 염려하는 지어미의 간절한 기도, 지아비를 그리워하는 여인의 마음, 망부석이 되고 만 정읍의 그 여인, 바로 젊은 날의 우리 어머니를 보는 듯 〈정읍사〉가 다가왔다. 백제 유일의 현존 가요라거나 여인의 숭고하고 아름다운 부덕을 생각하기보다 시대적 간극을 떠나 우리 어머니가 그 여인이 아닌지 의문이 들 정도였다. "달님이시여 높이높이 돋으시어 멀리멀리 비추어주소서."라고 손 비비며 기도하는 백제의 여인.

그 옛날, 휴대폰은커녕 문명의 이기라곤 아무것도 없던 시대에 행상 떠난 남편이 돌아오지 않으니 걱정인들 오죽했으랴. 달을 향해 손을 모으고 남편의 무사안일을 비는 여인의 모습이 생각만으로도 애잔하다. 어디에 있는지, 무엇을 하는지, 날 저물어 젖은 데를 디딜까 노심초사하는 여인의 마음이라니.

잉꼬부부로 평생을 사신 아버지 어머니와 함께 정읍사 공원 망부상 앞에 섰다. 여인으로 태어나 아내가 되고 남편을 받드는 것은 크나큰 행복이다. 망부상 앞에 새겨진 정읍사를 소리내어 읊어본다. 백제 여인의 간절함에 석상의 옷자락이 펄럭이는 듯하다. 아버지는 어머니의 휠체어를 밀고 공원을 오르락내리락 하며 오순도순 〈정읍사〉가 그려낸 이야기들을 만나고 계신다. 망부상 뒤로 열엿새 둥근달이 둥실 떠오른다.

달님을 바라보며 어머니께 아버지가 군대 가셨을 때 불렀던 그 노래를 부르자고 하니 "몰라. 생각이 안 나." 힘없이 고개를 젓는다. 나는 여섯 살 어린 딸아이가 되어 어머니 곁에 서서 그 노래를 불렀다. 어머니 눈에 눈물이 고인다. 아버지가 당신의 손수건을 꺼내 어머니의 눈물을 자근자근 닦아주신다. 그 수건으로 당신의 주름진 눈가를 훔치신다. 내가 손뼉을 치자 아버지가 소리 없이 웃는다. 어머니도 합죽한 입을 가리고 함께 웃는다.

옛이야기 하나

차 한 잔을 들고 서성인다. “왜 이럴까?” 홀로 중얼거리며 평소 즐겨 듣는 토셀리의 세레나데를 울려보지만 귓전만 시끄러울 뿐 왠지 마음은 허방을 헤맨다.

어쩌다 고개를 돌려 창밖을 보니 유리창 가득 눈발이 휘날리고 있다. “아하! 이거였구나! 소리도 없이 눈이 오고 계시네.” 그랬구나. 눈이 펑펑 내리니 마음이 먼저 알고 싱숭생숭 하였구나. 발코니로 나가 눈송이와 눈 맞춤하며 괜스레 쓸쓸해져 있던 마음을 활짝 연다.

예전 같으면 이런 날 친구들과 함께 눈을 맞으며 거닐기도 하고, 이웃들과 뭉쳐 한바탕 수다를 떨며 따끈한 커피라도 마셨을 텐데…. 그땐 과립 커피 한 병이 며칠도 못 가 다 비워지곤 했는데….

정든 곳 두고 아파트로 이사를 하고, 아이들도 성장하여 각각 제 갈길 찾아 떠나고 난 후로 빈집에서 홀로 되작일 때가 많아졌다. 코로나가 극성을 부리는 탓에 혼자 끼니 챙겨 먹는 것도 익숙해졌건만 어느 때면 문득문득 무엇인가 그리워질 때가 있다. 느닷없이 쓸쓸해질 때도 있다. 사춘기도, 갱년기도 모르고 살았는데 지금에서야 뜬금없이 그것들이 찾아오려고 나를 기웃거리는 걸까.

혼자 적적할 때면 가끔 생각나곤 하는 이야기 하나가 있다. 어릴 적, 장날이면 장터와 가까운 우리 집 마루 아래는 신발이 그득했다. 오늘처럼 눈이라도 내리는 날이면 아버지께선 그 많은 고무신을 가마니 몇 장으로 꼼꼼하게 덮으셨다. 그때는 종이도 비닐도 없던 시절이니 짚으로 짠 가마니가 투박하지만 덮개 구실을 한 셈이다. 덮지 않고 그냥 두면 날리는 눈발이 신발에 소복하게 담겨 그렇잖아도 시린 발을 적시게 하고도 남았다.

십 리, 이십 리를 걸어서 장을 보러 오던 친척들과 먼 동네 사람들. 추위는 살벌한데 옷가지는 허술하기만 하던 그때, 자가용은커녕 버스도 없는 때이니 먼 길을 오로지 두 발로 걸어야만 오갈 수 있었다. 장을 보러온 사람들은 이런저런 인연으로 아는 집을 찾아 잠깐이라도 언 몸을 녹이고자 했다. 우리 집은 그중에서도 마음이 편하다고 사람들이 늘 많이 들어왔다. 추위에 움츠리며 둘씩 셋씩 사립문을 밀고 들어오면 어느새 넓지 않은 방은 사람들로 가득 채워져 훈김으로 넘쳐났다.

그럴 때면 어머니는 나에게 우물물을 길어 고구마를 씻어 찌게 하거나 미리 해둔 밥을 데워 상을 차리게 하셨다. 때로 어머니가 국수를 삶을 때면 나는 불을 때고 심부름을 해야만 했다. 문고리에 손이 쩍쩍 달라붙고 밥상에 놓인 밥그릇이 미끄럼을 타는 추운 겨울에 어린것에게 그런 일이 달가울 리가 없었다. 나는 짜증을 내기도 하고, 입을 석 자나 빼물기도 하였다. 어느 때는 그게 싫어 찔찔 울기도 했다. 그러나 그때는 요즘과 달리 어려서부터 집안일을 거들고 동생을 업어 키우는 게 예사였던 때다. 더구나 칠남매의 맏이로 태어난 나는 조막만 할 때부터 밥하고 청소하고 빨래하는 게 당연한 듯 해야만 했다. 그러던 어느 날 어머니는 나를 불러 앉히고 조곤조곤 이야기를 들려주셨다. 그 이야기는 새끼줄로 나뭇단을 동여매듯 나를 꽁꽁 묶어 버렸다.

옛날, 어느 부잣집에 아주 예쁜 딸이 있었다. 그 아이는 뽀얀 얼굴에 머리는 삼단같이 길고 예의도 바르고 심성이 착했다. 부모님의 사랑은 물론이고 동네 사람들의 칭찬이 자자할 만큼 부지런하였다. 그런데 부족한 것 하나 없는 나이 어린 처녀에게 고민이 있었다. 그건 자기 집에 쉴 새 없이 손님이 와서 손님의 밥상을 차려야 하는 일이었다. 옛날 배고픈 시절엔 누가 오면 밥부터 차려 대접하는 게 당연한 예의고 도리라고 여겼으니까.

하루는 그 부잣집에 스님이 와서 시주를 청했다. 딸은 곳간에 시 쌀 한 말을 푹 퍼다 바랑에 부어주며 소원을 말했다. "스님, 저희 집에 손님 좀 안 오게 해주십시오. 손님 대접하는 게 귀찮아 죽을 지경입니다." 사정을 하자 스님은 "젊은 처자, 그게 소원이라면 그리할 수는 있지만 나중에 후회하지 않을 자신이 있소?" 하는 거였다.

딸은 제발 손님만 안 오면 좋겠다고 하니 스님 말씀이 "내가 시키는 대로만 하시오. 그럼 차츰 손님이 줄어들 것이오."라며 끼니때면 밥상을 방에 들인 후 뒷마루에 서서 머리를 빗으면 된다는 것이었다. 딸은 착실히 스님이 시킨 대로 했다.

그러자 처음엔 손님이 하나둘 줄더니 얼마쯤 지나고 나선 손님이 한 사람도 오지 않았다. 딸은 스님 말씀이 영험하다는 생각을 했다. 손님이 오지 않으니 할 일이 없어 편하고 좋았다. 그러나 기쁨은 오래가지 않았다. 서서히 손님이 떨어지고 나서 형제들이 하나둘 세상을 뜨더니 나중에는 부모님까지 다 돌아가시고 자기 혼자 남게 되었다.

얼마나 두려운 이야기인지. 어쩜 어머니가 지어낸 것인지도 모를 전설 같은 그 이야기는 어린 나를 착하니즘에 가둬버리기에 충분했다. 아무데서나 아무때나 머리빗던 버릇도 고쳤다.

장날이면 어김없이 고구마를 찌고 국수를 삶거나 짓잎죽(김치죽)을 끓여서라도 내 집에 오는 손님을 배부르게 대접해야 하는 게 사람의 도리라고 여기며 줄곧 어머니 말씀을 되새기며 살았다.

부모님은 늘 '내가 손해 본다.' 하고 살면 탈이 없는 법이라고 이르셨다. 자식들이 보기에도 욕심 없는 아버지가 답답하여 아버지는 왜 만날 그러시냐고 할라치면 "참! 그런다고 아버지가 밥을 굶더냐? 옷이 없어 헐벗고 살더냐?"라고 오히려 되물으셨다. 선은 행한 대로 가고 복은 짓는 대로 받는다고 하셨다.

변화된 세상 탓이기도 하지만 내 몸 편하자고, 내 잇속 챙기느라 이웃과 친구, 친척들에게 제법 냉정하게 변한 나를 생각하면 지금도 어렸을 적 부모님의 말씀이 떠오른다. 잊힌 듯 하다가도 불현듯 되살아나는 오래된 그 이야기.

야호! 눈도 내리는데 가까이 사는 친구 서너 명이라도 불러 막내딸이 사온 에어프라이어기에 고구마나 구워 훈훈한 커피를 마셔야겠다. 소복하게 쌓인 눈을 바라보며 도타운 정을 나누고 싶은 생각으로 부푼다.

상처의 법칙

오래전, 40대 초반쯤이었을 것이다. 수술 후 마취에서 깨어날 무렵, 가족들이 애타게 이름을 부르며 의식을 깨우고 있는데 환자인 나는 계속 "혜인이 아빠 미워. 혜인이 아빠 미워."만 중얼거렸다고 한다.

딸들과 친구 순임이는 "오죽하면 저럴까. 속에 맺힌 게 많아 저러지."라는 생각으로 가슴이 아팠는데 제부와 동생은 "저러다가 형부한테 욕이라도 하면 어떻게 해…."하며 몹시 조마조마했다고 한다. 정신이 들고 난 후 그 이야기를 듣고 "얼른 입을 막지 그랬냐."라고 하니 다 깨어나 알고 말하는 줄 알았단다. 난 전혀 기억할 수 없는 일이었지만 그 말을 듣자 '나'가 너무도 짠해 나도 모르게 눈물이 주르륵 흘러내렸다. 지금 생각해도 가슴이 찡하다.

내게 남편은 너무 크고 강했다. 더구나 남편의 배경이라고 할 수 있는 시댁 큰어머니는 당당하고 지엄하여 무서웠다. 남편은 두 아버지와 두 어머니 품에서 과보호로 자란 탓인지 보통의 지아비와는 달랐다. 게다가 세상물정에 어두운 나는 그런 남편에게 논리적으로 대처하지도 못 했을 뿐 아니라 요령이나 수완을 부릴 줄조차 몰랐다. 자기방어는커녕 늘 남모르게 울면서 눈물로 살았다.

왜 그리도 바보처럼 그랬는지. 어렸을 적엔 부모님의 체면을 생각하느라, 결혼하고 나서는 남편의 비위를 맞추느라, 자식들 나아갈 길에 흠이 될까봐 늘 노심초사 조신해야 한다고 생각했다. 지내놓고 보면 세상의 잣대에 맞추느라 얼마나 나 자신을 억압하고 살았는지. 고통스럽고 힘겨운 일상을 겪는 동안 삶이 소리도 없이 흔들렸던 때가 있었고 자존감을 다 잃은 채 가출이나 이혼을 생각한 적도 있었다.

그럴 때면 스스로 버티며 위기를 넘기면서도 속으론 풀지 못한 응어리가 남아 켜켜로 쌓였다. 그렇지만 응어리진 속을 딱히 풀 길이 없었다. 부모님께 말씀드리자니 나보다 더 아파할 것이고, 형제들에게 하소연하려니 부모 맞잡이라고 이름 붙여준 만이로서 도저히 입이 떨어지질 않았다. 친구들과 어울려 이러쿵저러쿵 해보았댔자 속마음을 다 털어놓을 수도 없고 오히려 흉이나 될 뿐이었다.

다행히 어렸을 적에 애착관계가 잘 형성되었기에 성인이 되어 겪는 심리적 상처를 극복하며 산다고 여겼다. 그러나 상처를 극복한다는 건 어려운 일이다. 어쩔 수 없이 참으며 견디는 것일 뿐이다. 시간은 상처를 치유한다는 말처럼 살다보면 더러 잊히기도 하고 버려지기도 한다지만 깊이 새겨진 상처는 쉽게 메워지지 않는다. 더구나 가족 간의 상처는 더 깊이 박히니 말할 나위가 없다. 그 가운데서도 부부는 촌수도 가리지 않는 가까운 사이인 만큼 상처 또한 가장 크게 받는다. 믿음과 사랑이 클수록 상처도 따라 깊어진다는 말이 맞다.

부부는 무촌지간이라 할 만큼 가까운 관계이기에 서로에게 더 많은 상처를 주게 된다는 걸 나이가 들면서 알게 된 것이다. 불화보다는 참는 게 낫다고 생각하다가 그게 안 되는 부분은 차라리 포기하는 것이 쉬운 방법이란 것도 조금씩 알게 되었다. 그러나 그 모든 것이 완전한 것은 아니었다. 오히려 상처를 감출수록 농이 단단히 돌처럼 굳어지는 것이다. 그러기에 아직 마취에서 깨어나기 전 혼미한 의식 속에서 무의식에 잠재되어 있던 속마음이 고개를 들었을 것이다. 평소 남편에게 하고 싶은 말이 많지만 하지 못한 채 숨죽이며 속에 쟁이고 살던 것들이 무의식 중에 드러났을 것이다. 기꺼이 잘 참아내는 줄 알았는데. 배려한다고 했지만 배려가 그리 쉬운 일은 아니었던가 보다.

사람에게 받은 상처를 치유할 방법은 안정적 애착관계를 이루면서 상대를 이해하거나 용서하는 것이다. 상처는 크면 클수록 더 깊이 내려앉아 무의식에 묻어두게 되고 의식적으로 회피하게 된다. 그러나 상처는 묻어두거나 감춰두면 쉬이 나을 수가 없다. 차라리 직면해야 치유가 된다. 속에 쌓아두고 끙끙대는 것보다는 큰 소리가 날지라도 그때그때 담아둔 생각을 뱉어버리고 홀가분한 것이 오히려 상처를 낫게 하는 방법이다. 한편으론 남으로부터 받은 상처일지라도 자신을 수용하고 스스로 격려하면서 나에 대한 연민을 가져야 한다.

말을 해도 안 되는 현실 속의 일들을 풀지 않은 채 아예 체념하고 살기에는 너무나 아까운 인생이다. 나이가 들고 보니 이해나 저항이 어려울 땐 차라리 포기하는 것이 삶의 방식이라고 여겼던 지난날이 안타깝다. 언제부턴가 나름대로 자신과 타협을 하며 삶을 꾸렸다. 남편에게도 기대하기 전에 이해를 앞세우고, 배려하는 셈치고 살다 보면 원만해지는 줄 알았다.

그러나 세상일은 언제나 나 혼자 이룰 수가 없다. 상대적인 짜임에 어쩌겠는가. 적당히 잊어야 할 기억들을 찾아 정말 머리에서 지워버리는 연습을 해야 원망을 지울 수 있다. 차라리 나를 바꾸는 것이 가장 상황 조절에 쉬운 것. 옛일에 대한 분노에 중지 버튼이 아닌 삭제 버튼을 눌러 영원히 지워 버리는 것이다. 이것이 바로, 쓰리고 아픈 상처를 받지 않는 또는 치유하는 방법이다. 그래야 서운하고 미운 감정이 한구석에 쟁여져 있다가 어느 날 누군가를 밉다고, 밉다고, 중얼거리지 않을 것이다.

상처란 주는 사람은 잊어도 받은 사람은 잊히지 않는 거라고 한다. 나는, 나도 모르는 사이에 누군가의 가슴에 아물지 않은 상처를 주지나 않았는지.

상처는 처음엔 쓰리고 아프다가 곪게 되면 몹시 아리다. 그렇더라도 차라리 곪아서 고름을 깨끗이 짜내면 비로소 상처가 곱게 아물게 된다.

누군가를 기억한다는 것

그때가 봄이었을까. 봄은 숨죽이고 있던 생명들이 다시 움트는 철이기도 하지만, 연약한 생명들이 꺾이는 계절이기도 하다. 봄의 종잡을 수 없는 기온이 온몸의 순환을 흩트려 병고에 시달리던 노인이나 어린 생명들이 움츠렸다 피어날 에너지를 얻지 못하고 세상을 뜨는 때이기도 하다.

어려서 자세한 기억은 없지만 어느 봄날, 동생이 음식에 체滯해서 하얀 광목옷 하나 걸치고 세상을 하직했다. 그때 아버지는 군대에 가셨던지 없었고, 작은아버지와 함께 동생을 묻고 돌아온 어머니는 넋을 잃고 쓰러져 있었다.

할머니는 나를 업고 팽나무 밑에 가서 내려놓더니 논두렁 아래 누렇게 뭉그러진 풀들을 우둑우둑 뜯어 불쏘시개를 만들었다. 불을 피워 동생이 먹다 만 약봉지와 몇 가지 물건, 그리고 아픔들을 태우셨다. “니 동생이 영영 가는구나. 예쁜 내 손자가 참말로, 아주 떠나는구나.” 강 건너 골짜기로 사라져가는 연기를 바라보며 눈물로 치마폭이 젖도록 얼굴을 부비며 흐느껴 우셨다.

엄마는 강 건너 앞산에 어린것의 주검을 묻고 왔지만 그 아들을 내내 가슴에 묻고 살았다. 나는 다 크도록 동생이 묻혀있는 그 산이 무서웠다. 엄마는 자주자주 앞산으로 산나물을 뜯으러 가거나 그 자식이 보고플 때면 앞산을 바라보며 한없이 눈물을 흘렸다.

어머니는 내 동생이 죽어 새가 되었다고 했다. 가끔 새 한 마리가 마당에 와 놀고 있으면 입술에 피가 맺히도록 울음을 참으며 소리 없이 눈물을 흘렸다. 확독에 보리쌀을 갈다가도 마당가의 새를 향해 보리 몇 알을 던져 주곤 했다. 새가 울타리 너머로 날아가면 그때서야 토방에 털썩 주저앉아 길게 숨을 뱉으며 눈가를 훔쳤다. 나도 덩달아 옆에서 “아가, 가지 마라. 동생아, 내일 또 와.” 하며 새가 날아갈까 봐 숨을 죽이곤 했다.

어머니는 그 아들이 떠난 뒤 내리 딸만 넷을 더 보탰으니 얼마나 가슴을 후볐을까. 그런데도 내색하지 않다가 아들 둘을 더 낳고 난 뒤에야 말씀하셨다. “네가 터 판 그놈이 살았으면 장정이 다 되었겄지야?” 그 말이 하도 간절하여 “응.”이라는 짧은 대답밖에 할 수 없었다. “너도 생각나냐? 니 동생?” 그 말에도 “응.”이라는 말밖에는 더 하지 못 했다.

나와 세 살 터울이었는데 이름도 얻지 못하고 세상을 떠난 동생을 지금에 와서야 새삼스럽게 생각해 본다. 행여 어머니의 아픔이 도질까봐 이름도 차마 물어보지 못하고 지내온 긴 세월, 잊은 적이 더 많았지만 내내 잊지 못하고 살았던 내 동생.

어머니와 나는 오랜만에 앞산 아장사리로 간 그 아이를 그리워하며 서로 말 한마디 없이 손을 맞잡고 눈물을 흘렸다. 내 동생을 기억하는 할머니도 작은아버지도 세상을 뜨셨고 아버지는 아기가 가는 걸 보지 못하셨으니 그 아이 마지막에 대한 기억은 어머니와 나만의 것이었다. 그리고 수십 년이 흘렀다. 그 아이가 살았더라면 벌써 60이 지났을 텐데, 오늘 따라 뜬금없이 어머니 살아계실 때 그 아이 이야기를 살짝 꺼내보고 싶다. 몹시 그리워하며 살았다고 말하고 싶다.

세상엔 소중한 인연과 그리움을 속속들이 쟁이며 살아가는 사람들이 많다. 기억에서 지울 수 없는 모습, 음성, 몸짓, 추억, 시간들이 그리움이 된다. 그 그리움은 때때로 찾아와 기쁨을 주기도 하고 슬픔을 되새기게도 한다. 슬픔도 삭아 그리움이 되고 미움도 잦아 그리움이 될 때가 있다. 누군가를 기억한다는 것은 우리들 삶의 아름다움이다. 서러움이기도 하다.

별똥별

토끼와 발맞추며 사는 산골마을 아침나절이 술렁거렸다. 간밤, 하산에 별똥이 떨어졌다는 것이다. 놀거리를 찾아다니다가 어른들 말씀을 귀동냥한 동네 꼬맹이들은 떼를 지어 하산으로 향했다.

베이비붐 시대인 1950년대 후반쯤, 우리 동네는 그다지 크지 않았지만 집집마다 아이들이 대여섯 명은 보통이고 열두 명이 있는 집도 있었으니 산으로 출동한 내 또래 예닐곱 살 안팎의 꼬마들은 아마 1소대 가까이 되었을 것이다.

우리 집은 그 무렵 아버지가 뒤늦게 군대에 가셔서 어머니가 땔나무를 해야 했다. 나는 순경 몰래 갈퀴나무를 긁거나 생솔가지를 쳐오던 엄마를 따라 산에 간 적이 몇 번이나 있었다. 쇳덩이 같은 나뭇짐을 머리에 이려면 누가 나뭇단을 치켜 줘야 했는데 그때, 그 조그만 손이 무슨 힘 보탬이 된다고, 어머니는 나를 앞세우고 산으로 가시곤 했다. 나뭇가지를 묶어 경사진 곳에 눕힌 다음 머리를 받치고 하나 둘 셋을 세며 어린 딸과 호흡을 맞춰 나뭇단을 머리에 이었다. 그리곤 뽀드뽀드 소리나는 눈길을 걸어왔다.

지금 생각하면 남편은 삼 년도 넘게 군대에 가 있는데, 이십대 중반이나 되었을 새댁이 산에 땔나무를 하러 가는 건 쑥스럽기도 하고 두려움도 컸을 것이다. 나뭇단을 떠들어 줄 손도 필요했을 테지만 젊은 아낙으로서 어린 자식이나마 지킴이로 의지했던 것 같다.

아무튼 나는 그날 어른들이 말하는 "그게 속병에 직빵이래야."라는 별똥의 효능에 대해 들었다. 그 말을 듣자마자 하늘에 사는 하느님께서 우리 엄마의 끌끌거리는 위장병을 고칠 수 있도록 별똥을 떨어뜨려 주신 거라고 믿었다. 그래서 친구들 틈에 끼여 신바람을 날리며 산으로 올라갔다. 그렇잖아도 나락에 맺힌 이슬이 속병에 좋다는 말에 초가을 내내 새벽이면 양푼을 들고, 졸린 눈을 비비면서, 논두렁으로 나가 이슬방울을 털어오곤 했었다. 그런데 별똥이 위장병 약이라니 얼마나 다행인가. 어린것이 귀를 쫑긋 세우고 어른들 말씀에 귀를 기울였던 것이다.

그 시대는 지금처럼 산에 나무가 빽빽하지 않았다. 거름이나 땔감을 풀이나 나무로 해결하던 때라 민둥산이나 다름없는 산은 잡목은 다 잘리고 벌목을 금했던 솔낭구(소나무)만 담상담상 서 있었다.

TV는커녕 그림책 한 권 구경도 못 해본 조무래기들이 별똥이 어떻게 생겼는지 알 리가 없었다. 쫀득쫀득할 거라고 귀엣말로만 들었을 뿐 단 한 번도 본 적이 없는 별똥을 찾아 산을 헤맸다. 개똥이나 소똥을 닮았을 거란 생각을 안 한 건 아니었다. 반짝반짝 빛나는 작은 별이 싼 똥이니 아주 조그맣고 귀여울 거라고 생각했다.

마침 그 산에는 햇살에 반짝이는 돌이 있었다. 자잘한 그 돌조각들이 별똥일 것 같아 주웠다. 여기저기 많은 것은 하늘에 별이 많기 때문이라고 여겼다. 산에는 이런 저런 똥 같은 것이 몇 가지 더 있었다. 그 가운데 동그랗고 예쁜 것이 군데군데 있어 어린것 눈에 띄었다. 그것도 한 손 가득 주웠다.

의기양양하게 돌아와 엄마 아프니까 별똥 먹으라며 양손을 내밀자 어머니는 “아이고, 먼 독조각(돌조각)이라냐~. 토깽이(토끼) 똥도 한 주먹이나 줏어(주워) 왔네.” 하시며 덥석 받았다. 나중에 들은 얘기지만 어린것이 손이 곱도록 주워온 그것들을 차마 버릴 수 없어 바가지에 담아 몇 년을 두었다고 했다. 반짝이던 그 돌들은 석영이 들어 있어 반짝였던 것이다.

여름밤 멍석에 누워 밝기도 색깔도 다른 수많은 별들을 보았지만, 유성이 무엇이며 왜 떨어지는지 안 것은 그로부터 먼 훗날이었다. 고사리주먹으로도 가려지는 별이 해나 달보다 크다는 말은 도저히 이해가 되지 않았다. 별똥을 싸는 밤하늘의 별은 갈수록 신비롭기만 했다. 밤하늘을 바라보며 별님, 달님과 수없이 이야기를 나누고 별과 손이라도 맞잡을 듯 높이 하늘을 나는 비행기를 부러워했다.

어른이 되어서는 딸아이들을 데리고 깜깜한 곳을 찾아가 별을 보여주기도 하고 천문대에 가서 별을 관찰하기도 했다. 옥상에서 별에 관한 책을 들고 플래시를 비추며 책과 하늘을 번갈아 바라보면서 별자리를 헤아려 보는 때도 많았다.

백두산 장백폭포 아래에 있는 대우호텔 뜰에서 마치 별 밭에 별꽃이 핀 것처럼 크고 작은 별들이 촘촘한 밤하늘을 보았다. 별이 하도 많아선지 하늘에선 심심찮게 별똥별이 나타나 짧게 길게 하얀 금을 그으며 사라졌다. 사위는 무섭도록 어둠과 정적에 싸여 있고 장백폭포 물소리는 백두산을 무너뜨릴 듯 사납게 우는데 하늘의 황홀함에 도저히 잠자리에 들 수가 없었다. 그때 헤아릴 수 없이 많은 별과 별똥별을 보았다.

40대쯤 되었을 때였던가? 유성우가 쏟아진다는 날, 친구들을 선동하여 아이들을 둘셋씩 데리고 별똥별을 보러 나섰다. 위봉산성 성벽 위에 돗자리를 펴고 엄마들과 아이들이 질펀히 누워 밤하늘을 우러러보았다. 함께 별 노래를 부르다가, 별을 보다가, 주저리주저리 옛이야기를 하다가, 별똥별이 휙 하늘을 날면 손을 모으고 소원을 빌기도 하였다. 예나 지금이나 소원을 말할 틈도 없이 눈 깜짝할 사이에 사라져버리는 별똥별이 그리도 안타까웠다. 시골집 마당 멍석에 누워 별을 보던 어린 날을 그리워했다. 그렇게 간절히 소원을 빌던 별똥별이 우주의 티끌과 먼지가 대기와의 마찰로 타는 불꽃이라니. 몹시 씁쓸하기도 했다.

그러나 나는 육십 년을 넘게 살았으면서도 지금도 하늘이 어둠을 두르고 별이 총총 빛나는 날이면 여전히 설렌다. 고개를 들고 별이 빛나는 하늘을 바라보며 별똥별이 나타나기를 기다리기도 한다. 새벽이면 창문 밖에 나타나는 샛별을 보기 위해 일부러 덧문을 열어둔다. 운수 좋게도 그믐달과 화성과 샛별이 나란히 일직선으로 떠 있는 걸 보게 될 때가 있다. 그런 날이면 두근거리는 가슴으로 사진을 찍고 달과 별의 자리를 그림으로 그려 날짜와 시간을 적어둔다. 조마조마 새벽하늘을 향한 채 생각에 잠기면 어느새 동녘은 갓밝이로 부지런을 떨고 별들은 서서히 빛 속으로 스러진다. 퇴근길에 서녘하늘에서 초승달과 개밥바라기별이 나란히 떠있던 어느 날은 그 모습을 좇느라 집 오는 걸 잊어버린 적도 있다.

어둠을 빛 삼아 밤을 밝히는 별들은 별을 좋아하는 사람들을 위해 낮동안 제 안에 빛을 가득 담을 것이다. 별을 좋아하다 보니 별 볼 일도 많다. 무인도에서 밤내 한숨도 자지 않고 햇귀가 바르르 떨 때까지 별을 보던 일, 뉴질랜드에서 남십자성을 보고 감사기도를 드리기도 하고, 몽골 초원에서 밤 내내 찬이슬을 맞으며 여명이 들 때까지 별을 헤아린 적도 있다. 별이 있어서 밤하늘을 좋아하다 보니 별똥별을 제법 자주 보게 된다.

얼마 전에 진주에 운석이 떨어졌다. 대기를 뚫고 지표면까지 날아와 떨어진 별똥별이다. 네 개나 발견되어 운석 사냥꾼들이 몰려들 정도였으니 시골마을이 떠들썩했다. 가늠조차 하기 어려운 먼 곳에서 날아온 운석의 나이가 45억 9천만 살이나 되며, 금보다 몇 십 배나 비싸다고 한다. 어느 모로 보나 퍽 귀한 몸이시다. 그리 빨리 떨어지면서도 다 타지 않고 지구별까지 올 수 있었다니. 멀고 먼 우주를 건너온 그 돌들이 궁금하였다. 한편 어렸을 적 우리 동네 하산에도 혹 그런 운석이 떨어져 지금 가서 찾아보면 있을 수 있겠다는 생각도 해보았다. 어린 날 꿈속에서 자라던 별똥별의 실체에 대해 알면 알수록 신비로움은 더욱 커지고 있다.

속병에 직방이라던 그 쫀득거린다는 별똥. 그 별똥별을 주우러 갔던 어린 날의 나의 기도는 오로지 우리 엄마가 건강하게 오래오래 사는 것이었다. 책보자기 허리에 두르고 학교에 갈 때마다 '나 학교 다녀올 동안 우리 엄마가 죽으면 어쩌나.' 하는 걱정으로 유년을 보냈다. 그런 나의 바람을 저버리지 않고 지금까지 살아주신 우리 어머니. 이제 정말 별똥별처럼 순간에 스러져버릴지도 모르는 어머니의 세월. 날이 새면 어서 어머니에게 달려가 엊그제 맛보았던 연하고 맛있는 음식을 사드려야겠다. 지난 추석엔 칠남매 모인 자리에서 "야들아, 내가 소원이 하나 생겼다. 아버지랑 나랑 자식들 집을 돌아가면서 하룻밤씩만 자고 싶다."라고 하셨다. 어서 오시라고 날을 잡아야겠다.

도심의 뿌연 하늘에서는 볼 수 없는 별똥별 대신 마음에 살아 있는 어린 날의 별똥별을 향해 아직도 간절한 마음으로 소원을 빈다. 우리 부모님 건강하게 오래 살다 가실 수 있게 해달라고. 어릴 적 착한 어린아이 때처럼.

05

2020년 환란의 봄날에

1992년 10월 27일, 당시 세상을 떠들썩하게 만들었던 '휴거携擧'를 하루 앞둔 그날이었다. 계 왕주 노릇을 하다가 소리 없이 사라졌던 친구가 찾아왔다. 십 년이나 올차게 하던 쌀계를 하루 아침에 깨고 잠적한 친구였다. 일 년 내내 아끼고 아껴 섣달이면 쌀 열 가마니 값을 내고 돌아가며 곗돈을 태워주던 쌀계였는데 마침 내가 탈 차례에 떼먹고 사라진 거였다. 그는 떼먹은 쌀값의 십분의 일도 안 되는 돈을 내밀며 미안하다고 고개를 숙였다. 그러면서도 왠지 모르게 얼굴엔 화색이 돌았다.

"나 내일 밤 12시면 하늘로 올라가. 하나님 나라로 올라가는 마당에 네 쌀값을 갚지 않고는 차마 못 갈 것 같았어. 조금이나마 성의껏 모았으니 받아. 내가 하늘에서 네 기도 많이 해줄게."

다미선교회라는 것도, 그녀가 다미선교회 교인이라는 것도 그때 처음으로 알았다. 그녀는 내일이면 구름 속으로 올라가 공중에서 주님을 만나고 항상 주님과 함께 있을 거라며 기뻐했다. 휴거 때 입을 한복까지 걱정하는 그녀를 보자니 정말 어이가 없었다. 악인도 의인도 아닌 그저 평범한 그녀가 너무나 안타까웠다.

그러나 10월 28일 자정, 그녀는 물론 어느 누구도 하늘로 올라간 이는 없었다. 종말이 온다고 그들이 말하던 1999년도 아무 탈 없이 지나가고 대망의 즈믄해를 맞았다. 종말론을 주장한 다미선교회 이장림 목사는 신도들로부터 천문학적인 금품을 갈취했다는 뉴스만 꼬리를 이었었다.

대한민국은 자유민주주의 국가이다. 법률이 허용하는 범위 안에서 제한이나 간섭을 받지 않고 종교를 선택할 수 있는 자유가 있다. 물론 신앙을 갖지 않는 것도 자유이다.

어렸을 적, 부모님은 유교를 숭배하였지만 어려움이 닥칠 때면 더러 민간신앙에 의지하기도 했다. 나는 부모님의 뜻을 어기며 예배당을 기웃거렸다. 예배당에 나갈 땐 종교의 자유를 주장하기는커녕 몽땅 죄를 짓는 기분이었다. 내 아버지 어머니를 버젓이 두고 한 번도 본 적 없는 하나님을 아버지라 부른다는 것이 왠지 부모님께 미안했다. 가난한 살림에 허덕이는 부모님을 생각하면 알량한 주일헌금을 내는 것도 죄스러웠다. 그러나 해가 거듭될수록 교회생활에 재미가 늘고 열성을 부렸다. 어머니가 섬기던 조왕신이나 철륭신 등이 미신이라고 타파를 부추기며 설득하기도 했다.

부모님은 자주 우리 형제들을 앉혀놓고 주의를 주셨다. "예수를 믿어도 너무 빠져서는 안 된다. 종교든 뭐든 적당히 해야 한다. 무엇에나 도를 넘지 말거라."였다. 부모님의 가르침 때문인지 난 아직도 종교에 몰입하거나 심취하지 못한 채 엉거주춤 신앙생활을 하는 편이다. 신앙생활뿐 아니라 어떠한 일에도 당차게 맺고 끊는 데에 약하다. 혼인을 한 후에도 장손며느리가 되어 제사와 차례를 불평 없이 지내고 있다. 그게 비록 신앙생활에 어긋나는 행위일지라도 "하느님, 봐주세요. 어쩔 수 없잖아요." 하며 나름 하느님과 타협을 하곤 한다.

세계적으로 유명한 천재 물리학자 스티븐 호킹은 그의 마지막 책《호킹의 빅 퀘스천에 대한 간결한 대답》에서 "신은 없다." 라고 했다.

참 충격적인 말이다. 신이 없다니. 우주와 세상 만물을 창조하시고 이 세상을 관장하시는 신이 없다니. 신을 추앙하는 많은 신앙인들을 혼란에 빠뜨린 호킹 박사는 모든 것은 자연의 법칙으로 설명할 수 있다며 누구도 우주를 관장하지 않는다고, 자연의 법칙이 신일 수도 있다고 했다.

아무리 과학자가 과학적인 근거로 하는 말일지라도 받아들이

기가 쉽지만은 않을 것이다. 오직 신을 의지하고 신에게 희망을 걸고 사는 신앙인들에게 얼마나 서늘한 말인가. 나약한 인간으로서 어디엔가 의탁을 하고 싶은 간절함을 어찌해야 할지.

목사의 아들이기도 한 철학자 니체도 《짜라투스트라는 이렇게 말했다》에서 "신은 죽었다. 신은 인간이 만들어낸 망상이다. 신은 없다."고 했다. 위버맨쉬(초인)다운 그의 말의 진의를 지나치게 한쪽으로만 치우친 서양인들의 사고방식에 균형감각을 심어주기 위한 것이라고 해석하기도 한다. 동양철학의 '중용'에 대한 도를 생각하게 하는 말이다.

신은 없다고 한 니체가 죽은 지 백이십 년이 지난 지금, 다시 스티븐 호킹이 신은 없다고 하여 놀람이 큰 이때, 코로나19 바이러스가 세상을 움켜쥐고 흔들고 있다. 이에 신천지라는 종교집단이 무더기로 코로나19에 감염되는 사태가 벌어졌다. 그들도 분명 무엇인가 부족함을 채우기 위한 기도를 하기 위한 집회를 했을 터. 그런데 기도의 응답 대신 바이러스 감염을 당하고 세상천지에 복음인 양 퍼뜨리게 되었으니 어인일인가. 그들의 집단적 행위로 온 나라가 종교와 신앙인을 다시 생각하는 계기가 되었다. 코로나로 전쟁 같은 고통을 당하고 있는 지금 이 시간에도 코로나로 인해 세상 곳곳에서 수많은 사람들이 격리되고, 죽어가고 있다. 또 한편, 이들을 살리기 위해 수많은 사람들이 나날을 질병사태에 빼앗긴 채 힘들게 살고 있다. 그뿐이 아니다. 바이러스 감염이라는 두려움에 서로를 의심하고 경계해야 한다. 서로 고립되어 만나지도 못하고 마주보며 말을 하기는커녕 함께 밥을 먹지도 못한다. 혹시 이것도 신의 뜻인가 의문을 다 갖게 된다. 우리의 현실과 다른 이데아의 세계가 따로 존재하는지 혼란스럽다.

2020년 봄날이 코로나19라는 바이러스로 세계적 혼돈 속에 기울고 있다. 그리 쉽게 끝날 것 같지 않은 이 고약한 사태로 인류가 통째로 비틀거리고 있다.

너무나 신앙에, 종교생활에 도취된 듯한 요즘 사태를 보면서 오래 전, 부모님의 주의를 되새겨본다. 무엇에건 지나치게 빠져서는 안 된다는 것. 무엇이건 적당히 도를 넘지 않을 정도로 하라던 그 말씀이 오늘따라 경전처럼 다가온다.

새만금방조제에 앉아

새만금 방조제 33.9km를 나는 듯 달리고 싶었다. 양쪽으로 펼쳐지는 툭 트인 바다와 드넓은 땅을 바라보면 수세미 속 같은 마음이 조금은 가닥이 잡히지 않을까 생각했다. 그러나 끝도 보이지 않는 그 길은 푸르른 하늘 대신 우중충한 얼굴을 한 채 내 마음만큼이나 꿉꿉하게 찌푸리고 있다. 나도 모르게 치밀어 오르는 한숨처럼 멈칫멈칫 달리다가 방파제 한 귀퉁이에 앉았다.

거친 바다를 가로지른 웅장한 방조제. 몸부림치는 바닷물을 맨몸으로 막아선 돌덩이들. 수천수만 개의 돌들이 서로 몸을 맞대고 마치 하나인 듯 힘을 합하여 쉼 없이 들고나는 바닷물을 막아내고 있다. 저들이 각각이었다면 벌써 바닷물에 떠밀려 사라졌으리. 동기간끼리도 저렇듯 개체 하나 하나가 덩어리로 뭉

쳐야 한마음 한뜻이 되는 것을. 머릿속을 누비는 생각들이 짠물에 절어 먹빛이 된 돌들처럼 묵직하게 가슴을 누른다. 하늘은 해를 감춘 채 회색 구름이 떼를 지어 흐르고, 하늘을 품은 바다는 덩달아 해를 잃은 채 회색 물결로 뒤채며 느껴 운다. 무어라 큰 소리로 들썩이며 어깃장이라도 부릴 기세다.

털썩 주저앉은 발치에서 하얀 거품을 들이마셨다가 뱉어내기를 거듭하는 바다. 땅 끝인지 물 끝인지 모르게 들고나기를 멈추지 않는다. 마치 화를 냈다 풀었다 하며 속앓이를 하는 것처럼 보인다. 방조제에 묶인 돌무더기들이 나의 발목을 잡는 인과관계인 듯 갑갑하다. 돌들은 검게 타들어가는 마음을 씻어내기라도 하려는지 바닷물을 움켰다가 좌르르 쏟아내고, 바닷바람에 짬짬이 말리기도 하면서, 그러다가 쭈욱 몸을 넓혀 멀리 금을 긋기도 한다. 배 한 척이 움츠렸던 낮잠을 털고 일어나 수평선을 향해 나선다. 물너울이 함께 출렁출렁 따라 나선다. 바다는 배에게 제 품을 다 주고도 저렇듯 배가 가는 길을 함께 열어주는구나 생각하니 해준 만큼 받지 못해 억울해 하던 마음 한 구석이 찔린다.

해안을 들락거리던 바다는 징게맹게 너른 들녘을 흠모했음인가. 어느 날 바다가 제 몸의 물기를 털털 털고서 여의도의 140배나 되는 드넓은 새 땅, 새만금을 탄생시켰다. 제 몸 한 자락 뚝 떼어 몸 붙여 살아온 땅에 보탬이 되고 싶었던 모양이다.

그리고도 날마다 그리워 하얀 웃음을 파도에 담고 제가 살던 뭍 가까이 달려오곤 하는 것일까. 저 멀리 바다는 하늘과 맞닿아 수평선마저 희미하다. 수월치만은 않지만 좋이 다스릴 만한 인연이다.

파도는 잠잠한 먼 바다 어디에서 생겨 예까지 오는 걸까. 부딪힘이 없는 바다는 하늘을 담을 수는 있어도 바닷속 생명들을 키워내지는 못한다지. 때로는 바람을 일으켜 바닷속을 온싹 뒤집어야 한다지. 부모형제 사이에도 때론 말썽이 일고 어쩌다 다툼이 나기도 하지. 그러면서 더욱 돈독해지는 게야. 그러나 말이 쉽지, 누군가 그 아픔을 삭이려면 속이 찢어지는 고통을 감내해야만 하는 것을. 먼 하늘은 점점 바다색을 닮아가고 바다는 하늘과 하나가 되려는 듯 자꾸만 회색빛 하늘을 품어 안는다. 참말로 속도 좋지.

방파제의 돌들도, 바닷물과 강물의 여닫이 배수갑문도, 경계를 허물고 싶은지 바람결에 마음을 풀어 느긋해지고 주변의 섬들까지 하늘과 바다와 하나가 되려는지 제 몸 색을 가만가만 지워가고 있다. 바다는 방조제와 무릎을 맞대고 찰랑찰랑 이야기를 주고받는다. 하늘을 떠다니던 구름도 바다 곁으로 다가와 바다가 피워내는 숨결인 양 몽실몽실 되작인다.

언제 저들에게 경계가 있었던가 싶다. 바다를 둘로 나눠 한쪽을 땅으로 바꾸려 하자 반쪽이 된 바다는 시퍼렇게 돌기를 세워

성깔을 부렸다. 물길을 빼앗겨 육지가 된 다른 한 쪽은 짠물을 토악질하며 삼보일배와 같은 고통들을 속속들이 드러냈다. 그렇게 수없는 찬반의 논리들을 가슴에 묻고 새만금은 태어났다.

남편과 나는 인생을 오롯이 바쳐 친부모로 섬기던 분들과 한 형제로 살아온 사촌에게 배신을 당했다. 아니 집안을 이해 못한 멋모르고 날뛰는 손아래 동서에게 쫓겨나고 만 셈이다. 그동안 혼인으로 맺어진 소중한 인연이기에, 그래야만 하는 것처럼, 그들에게 진심으로 정성을 다해 살아온 세월만큼이나 걷잡을 수 없는 분노와 억울함에 휩싸였다. 어이없이 당한 일에 복작복작하니 생병이 나고 말았다. 그들과의 관계를 딱 잘라내고 뒤도 돌아보고 싶지 않았다. 천륜도 끊고 사는 세상에 인륜쯤이야 뭐 그리 대수인가 싶기도 했다. 그러나 맹목적 사랑을 주며 희생한 긴 세월이 너무나 억울하여 그마저도 선뜻 정리하기엔 너무나 힘들었다.

오늘은 끝없이 펼쳐진 바다를 바라보며 엉킨 실타래처럼 뒤죽박죽이 된 마음을 다독여볼 양이었다. 가슴이 툭 트이기를 기대하며 갈매기처럼 훨훨 마음을 날리고 싶었다. 그런데 새만금은 오늘따라 바다와 하늘과 뭍이 하나인 듯 경계를 풀어 회색빛으로 우중충하다. 나에게 그들의 검은 속까지 이해하고 용서하라 본을 보이며 타이르는 듯하다. 미움도 잘못도 다 인생의 일부라며 가슴으로 안으라 하는 것만 같다.

그러나 나는 고개를 끄덕일 수가 없다. 지워내지 못한 감정들이 우루루 성난 파도처럼 밀려왔다 밀려가기를 멈추지 않는다. 끝내 무거운 마음을 짊어지고 차디찬 바닷바람을 끌어안은 채 타박타박 그곳을 떠나왔다. 모진 고통을 견디어 희망이 되고 꿈이 된 새만금이 자꾸만 제 모습을 보여주고 있는데….

어디쯤 왔을까. 해창 바닷가 저만큼, 바닷물 사라진 자리에 막대 같은 장승 무리가 초라하게 서 있다. 한때는 갯벌과 강하구를 살리자고 생태환경을 부르짖던 목소리가 우렁차던 곳이다. 그 날들은 시간 따라 흘러가고 주변의 짠물 빠진 갯벌에는 새 살 차오르듯 풀들이 마른 땅을 덮어가고 있다. 더이상 바다가 아님을 숙명으로 받아들이는 듯 보인다. 상처난 마음에도 언젠가는 새 살이 차오르려나.

기나긴 새만금 방조제 33.9km는 본래 그 자리가 제 것이었던 것같이 육중한 모습으로 경계를 짓고 있다. 더이상 어떠한 반론도 타협도 없다는 듯 한쪽은 바다, 남은 한쪽은 육지로 나뉘어 서로 다른 목적의 삶을 살려가야 할 것이다. 하나는 바다로 하나는 육지로 제 몫을 다하기 위한 미래의 설계가 웅장한 곳이다.

수십 년을 옥신각신하며 일궈낸 새만금. 끝없이 이어지는 세계에서 제일 긴 방조제를 달려 돌아오는 길. 새만금은 아직도 온통 회색빛 안개로 뒤덮인 채 답답한 시야를 터주지 않는다. 푸른 하늘이 그립다.

바이러스 & 그때 그 기억

눈으로는 볼 수도 없는 바이러스라는 것이 일상을 속박한 지 몇 개월째다. 제아무리 난다 긴다 하는 사람도 이 코로나19라는 바이러스 앞에서는 속수무책이다. 여기저기서 확진자가 생기고 격리를 하고 사망에 이르기도 한다. 우리나라뿐만이 아니고 전 세계가 이 바이러스로 불안과 고통을 겪고 있다.

그런 중에도 우리 대한민국은 신종 바이러스에 대처를 잘 한다는 세계적 평판을 받고 있다. 재난안전문자가 속속 들이닥치고 나라 밖에 나가 살던 교민들을 비행기로 데려와 검사하고 치료한다는 뉴스를 접한다. 하루에도 몇 번씩 손을 씻으며 마스크를 쓰고, 외출을 자제하며 사회적 거리 두기를 실행하면서 코로나 바이러스를 이기고 있다. 전쟁 중에나 있을 법한 휴교령이 내려지고 공공장소도 문을 닫고 있어 집안에만 있어야 하니 갑갑하다는 언성이 높다.

재레드 다이아몬드는 그의 책 《총 · 균 · 쇠》에서 말한다. 멕시코 고원의 아스텍문명과 남아메리카의 잉카문명은 서양 침입자들에게 철저하게 파괴되었는데 토착민의 죽음은 총이나 칼보다 균에 의한 것, 천연두라는 바이러스 때문이라고. 바이러스도 진화를 하는데 걸리면 죽어야 하는 매독 같은 무서운 것이 그런 거란다. 이런 것들은 전염성이 강해서 숙주를 통해 옮겨가기를 하며 파괴를 일삼는다. 수백 년 전부터 인간을 두려움에 떨게 한 것이 바이러스다.

1990년쯤, 컴퓨터를 처음 배울 때였다. 컴퓨터라는 단어조차 낯설던 그때, 컴퓨터를 배우러 전주완산시립도서관에 간 첫날이었다. 문을 밀고 커튼을 젖히고 들어가니 여느 것과는 다른 책상들 위에 컴퓨터가 놓여 있었다. 난 그때, 컴퓨터에 대해 문외한이었다. 겨우 구경만 했을 뿐 도스가 무언지 이메일이 무엇인지도 모를 때였다. 더구나 컴퓨터 바이러스라는 것은 알 리가 없었다. 다만 바이러스라는 것이 아주 무서운 병원균이라는 것만 들어서 알고 있었다.

강의실 입구엔 공연장 무대에서나 보았던 우단 커튼이 묵직하게 드리워져 있었다. 도서관 직원이 헝겊으로 만든 깨끗한 실내화를 권하며 컴퓨터강사를 소개했다. 반가이 악수를 청하는 강사의 손을 잡은 채 "컴퓨터는 바이러스를 조심해야 한다더니 문도 이중문이고, 커튼도 두껍고, 실내화까지 깨끗하네요." 그가 들릴 듯 말 듯 웅얼거렸다. 그런데 웬일인지 선생님은 뜨악한 표정으로 어색해 하는 것이었다. 그러거나 말거나 먼지라도 날릴까 봐 조신하게 몸을 조아리며 자리를 찾아 앉았다. 나는 그때, 당연히 그 강의실의 특별한 시설들이 컴퓨터에 바이러스가 옮을까 봐 보이지 않는 먼지 한 점까지 차단하기 위한 것이라고 생각했던 것이다.

컴퓨터만 몰랐던 게 아니었다. 바이러스도 무엇인지 몰랐던 것이다. 바이러스가 무슨 세균덩이이거나 박테리아 정도라고 알았던지도 모른다. 아마도 컴퓨터가 바이러스 감염이라고 했다면 나는 그때, 백신을 먹이겠다고 약숟가락부터 챙겼을지도 모른다. 지금도 바이러스라는 말을 들으면 그때가 생각나 나도 모르게 얼굴을 붉힌다. 민망하여 슬쩍 웃음이 난다.

올해는 바이러스라는 말을 귀에 딱지가 앉도록 들었다. 알면 알수록 무서운 것이 바이러스라는 것도 알게 됐다. 다행한 것은 안전수칙을 지켜 예방을 할 수 있고 바이러스가 진화할수록 치료제 백신도 발명한다 하니 기대를 하며 기다린다.

벌써 30여 년 전, 그때 그 컴퓨터 선생님은 나를 두고 숙맥이라고 얼마나 웃었을까. 얼굴을 익히고 잘 지내던 도서관 직원들은 그런 내가 얼마나 한심했을까. 그렇게 부끄럽게 이어진 인연으로 나는 지금까지 전주시립도서관의 넘치는 사랑을 받으며 살고 있다. 도서관 봉사활동을 하면서 원 없이 책을 읽을 수 있는 홍복까지 누린다. 그뿐인가. 그 때 컴퓨터를 배우기 시작한 덕으로 지금껏 글도 쓰고 여러 기능도 익혀 잘 활용하고 있다. 직장에서도 유용하게 썼음은 말할 나위 없다. 하루도 컴퓨터 없이는 안 될 정도로 가까이 생활한다.

컴퓨터도 사용할수록 복잡하고 까다롭다. 어쩌다 방심하면 방어벽을 뚫고 악성바이러스가 침투할 때도 있다. 그럴 때면 가차 없이 백신을 풀어 말끔히 소탕작전을 편다. 그리곤 그 옛날, 컴퓨터 수업 첫날을 생각하며 강력먼지제거제라도 칙칙 내뿜어 먼지를 날리며 한참씩 웃곤 한다. 코로나19로 엉망진창이 된 요즘, 깨끗이 손을 씻듯 컴퓨터를 구석구석 청소한다. 어찌 아는가. 컴퓨터에 먼지가 끼면 소중한 컴퓨터 틈새를 숙주 삼아 바이러스가 침입할지도. 하하하~.

이참에 컴퓨터 클리너를 다운로드 하여 너저분하게 어질러진 프로그램도 정리한다. 그러면서 옛날의 그 광경을 떠올리며 피식 웃는다. 생각할수록 쪽팔려서 홀로 소리 없이 웃고 또 웃는다. 부끄러운 경험이지만 얄궂게 웃음을 주는 그 기억. 요즘에야 몹쓸 놈의 코로나19 탓에 바이러스에 대해 제법 알게 되었다.

인류는 지금 코로나19라는 미증유의 바이러스 때문에 크나큰 고통을 겪고 있다. 여행은커녕 마음놓고 서로 만나지도 못하고 함께 밥도 먹을 수 없으며 찻집에도 마음 편히 갈 수가 없다. 누군가 바이러스를 꼼짝 못하게 할 치료제나 아예 기웃거리지도 못하게 할 예방약을 하루빨리 발명하기만을 고대한다. 세계적 유행병의 원인이 바이러스라니. 눈으로는 보이지도 않는 그 작은 것들이 인류를 두려움에 떨게 한다. 컴퓨터 바이러스 또한 더럭더럭 겁을 주는 거라서 악성바이러스에 감염이라도 될까봐 가슴을 바짝 졸이게 된다.

일순간에 건강을 무너뜨리거나 프로그램을 왕창 짓밟는 것이 바이러스다. 그리고 나에게는 생각하면 저절로 부끄러워지는 하나의 기억이기도 하다.

마스크 무서워요

길을 가다가 누군가 생끗 웃으며 눈길을 주면 기분이 좋다. 온종일 생각만 해도 입가에 미소가 피어나고 일하는 손끝이 통통 튀기도 한다. 생면부지의 사람일지라도 서로가 부드러이 눈빛을 마주하면 호감을 갖게 된다. 대화를 할 때도 상대의 눈을 바라보면 내용 전달이 잘되고 길에서 마주치는 사람끼리도 눈길을 주고받으면 얼마든지 마음을 나눌 수 있다. 얼굴은 말을 하지 않고도 대화를 할 수 있는 의사소통의 도구이다.

봄이 되어 슬슬 햇빛이 강해지니 모자를 쓰고 마스크를 하는 사람이 늘었다. 마스크 너머의 표정을 알 수가 없다. 태양열이 피부에 닿으면 살갗이 그을고 거칠어지며, 자외선은 피부암을 유발한다고 하니 마스크를 쓰는 것을 탓할 일은 아니다. 심지어 집안에서도 햇빛 차단제를 발라야 할 정도다. 게다가 미세먼지의 위해성까지 기승을 부리고 있어 호흡기 건강이나 알레르기 반응을 걱정하는 사람이 날로 증가하고 있다.

언젠가 길에서 애기엄마가 버럭버럭 소리를 지르고 있었다.

"아줌마, 죄진 거 있어요? 얼굴을 싸매도 분수가 있지. 애들이 무서워 울잖아요?"

모자와 선글라스, 마스크를 한 중년의 아줌마는

"싸매건 말건 무슨 간섭이야. 내가 애들보고 울라 그랬어?"

만만치 않은 두 사람의 큰 소리에 엄마 치마폭에 달라붙은 큰아이와 유모차에 앉은 작은아이는 겁을 잔뜩 먹은 채 더욱 자지러졌다.

하기야 어른인 내가 봐도 무서울 때가 많다. 검은 등산복에다 모자와 마스크를 쓰고 눈만 빠끔히 내놓고 팔을 휘휘 젓는 사람을 마주치면 정말 무섭다. 거기에 어둡고 커다란 선글라스까지 끼고 있으면 모양새만으로도 섬뜩하다. 차림새는 그렇다 치고 복면을 한 얼굴로 왜 그렇게 상대방을 빤히 바라보는지. 자기는 다 감추어 보일 것이 없지만 상대는 철갑을 두른 사람에게 알몸을 보이는 기분이다. 그 서늘함이라니.

요새는 남자들도 선크림을 뿌옇게 바르고 다닌다. 자외선이 피부의 적인데 여름엔 당연히 햇빛 차단이 필요하고 겨울에는 찬 공기를 막아 얼굴이 건조해지지 않게 보호하는 것이 좋다.

그러다 보니 여름은 여름대로 겨울은 겨울대로 모자와 마스크는 필수가 되었다. 더구나 작업 현장에서 추위와 맞서는 사람이나 겨울에 오토바이를 탈 때는 그것들이 얼마나 고마운 존재인가. 거기에 지독한 복병이 더해졌다. 황사가 그러는가 했더니 미세먼지라는 최악의 두려운 존재가 그렇다. 이제는 유아들이 더 걱정이다. 어릴수록 젊을수록 주의해야 할 미세먼지 탓에 외출할 때는 날씨 검색보다 미세먼지 농도에 더 신경을 곤두세운다. 집안에선 문을 꽁꽁 닫고 공기청정기를 가동시키지만 집 밖으로 나갈 때는 아기에게도 마스크를 씌워야 한다. 얼마나 갑갑한 환경인지, 아기들에게 미안하다.

그런데도 얼굴을 가리면 두려움을 주는 건 확실하다. 아기 앞에서 손으로 얼굴을 가리고 "어흥." 하면 무서운 호랑이가 되고 "야옹." 하면 날카로운 고양이가 되어 아기에게 겁을 주게 된다. 아기를 웃게 하려면 얼굴을 드러내고 환히 웃으면서 어른도 아기가 되어야 한다. 하물며 마스크를 쓰고 아기와 마주치면 경기를 할지도 모른다.

메르스로 전국이 휘청거리고 몹시 더웠던 그해 여름. 두 딸과 함께 유럽여행에서 돌아오는 길이었다. 공항에 들어서니 눈에 띄는 사람 절반 이상이 마스크를 하고 있었다. 마중 나온 큰딸과 사위들도 마스크를 쓰고 다짜고짜 우리에게도 씌웠다. 식품의 약품안전처에서 인증하는 바이러스까지 차단할 수 있는 방역용 마스크란다. 눈만 겨우 보이는 마스크를 쓰고 나니 숨이 컥 막힐 정도로 너무 답답했다. 산소를 마셔야 숨쉬기를 하는 마당에 그걸 막아야 살 수 있다니 실없이 웃음이 나왔다.

얼굴을 가리는 것은 범죄를 저지르기 위한 행위라고 여기던 습성인지 모르나 눈가의 미소까지 감춰버린 마스크의 위력은 가지가지다. 그대로 길에 나서 아기를 만나면 겁을 낼 것이다. 나를 만나는 사람들은 두려워 피할 것이다. 복면이라는 말 뒤에는 으레 강도라는 무시무시한 단어가 따라 붙곤 했었다. 그런데 요즘 우리는 생태 환경을 망가뜨린 죄로 어린이들에게까지 마스크로 얼굴을 가리게 하고 있다. 어른, 아이 할 것 없이 마스크를 보호막으로 의존한다. 그런 얼굴이 무섭다. 그런 환경이 두렵다.

위 글은 7년 전 한창 유행하던 메르스에 겁먹었던 2015년 6월 17일에 쓴 글이다. 지금 보니 가소롭기 짝이 없다.

마스크가 무섭다고 엄살을 부리다니. 마스크를 쓰고 다니면 눈총을 받던 그 시절이 차라리 좋았다고나 할까. 코로나19로 3년이 넘도록 마스크를 쓰고 살다보니 이젠 마스크가 겉옷이라도 되는 양 필수품이 되었다. 마스크를 쓰지 않으면 실내로 들어가거나 여러 사람이 모이는 곳은 물론 거리를 활보할 수 없는 세상이다. 택시나 버스를 탈 수도 없다. 언제나 마스크를 벗고 살 수 있으려나 간절한 바람이 되었다. 가까스로 실외에서는 마스크 착용을 하지 않아도 된다고는 했지만 아직도 코로나 확진자가 잇따라 나오고 있으니 벗을 엄두를 내지 못하고 산다. 마스크 쓴 사람을 무섭다고 곱지 않은 시선으로 바라보던 일이 양심을 찌른다.

정말, 언제쯤 마스크를 훌훌 벗어버리고 밝은 얼굴로 마주보며 웃어볼까. 맨얼굴로 다정히 귓속말을 속삭여볼까.

말도 제대로 익히지 못한 어린아이가 마스크를 쓰고 어린이집이나 유치원, 학교에서도 마스크를 써야 하는 우리 어린이들이 안쓰럽고 이 시대를 사는 그 어린것들이 딱하다.

미처 세상을 다 보기도 전부터 마스크로 가려진 채 가려진 절반의 얼굴을 보며 살 수밖에 없는 이 시대의 우리 아이들이 가엾다.

바람꽃 바람 따라

땅에 닿을 듯 작은 키, 가는 몸매, 얇은 꽃잎, 그 몸 어디에 바람의 온도를 잴 수 있는 재주를 지녔을까. 대지는 아직 겨울잠에서 깨지 않은 듯 잠잠한데 어디에선가 벌써 봄바람이 이는 모양이다. 언덕 아래 양지에 봄까치꽃 열댓 송이 핀 걸 보고 나니 마음이 술렁인다. 해마다 이맘때쯤이면 도지는 봄앓이 병이니 치유법도 이미 알 만하다.

벗들과 길을 나선다. 꽃 보러 가자는 말 한마디에도 함께 설레는 친구들이다. 차 안에는 금세 살랑살랑 봄바람 꽃바람이 일렁인다. 골짜기에 다다르니 얕은 개울에는 어느덧 개구리들이 알을 푸짐하게 낳아두었다. 추우면 따뜻한 곳을 찾아 땅속으로 들어가고 날 풀리는 걸 어이 알고 나와 볕받이 좋은 얕은 물에 알주머니를 펼쳐놓는지. 산 어귀에서 우리는 서로 바라보며 "오오!" 짧은 감탄사와 함께 발길을 멈추었다.

변산바람꽃이다. 돌과 낙엽들 사이로 고운 얼굴을 반쯤 들고 다소곳이 서 있는 모습이라니. 바짝 세운 키라야 이쑤시개 하나 정도이거나 그보다 클까말까 해서 눈에 띄기도 쉽지 않다. 그렇지만 그 앙증맞은 모습을 기억하고 그리워하는 사람들에겐 우뚝 선 동상보다 더욱 잘 보인다.

일 년 만에 다시 만난 변산바람꽃. 저도 날 알아보는지 바르르 몸을 떨며 방긋이 웃는다. 빠끔히 봄을 열고 바라보는 눈빛이 맑기도 하다. 꽃잎인 양 보이는 환히 비칠 듯 얇은 꽃받침, 초록을 입술처럼 두른 연노랑 꽃잎, 통통한 꽃술, 꽃받침을 감싼 포까지 기특하고 사랑스럽다. 꽃은 가까이 볼수록, 오래 들여다볼수록 신비로움이 깊어진다. 가슴에 품을수록 애틋하고 눈물겹다.

바람꽃도 종류가 많다. 변산바람꽃, 풍도바람꽃, 꿩의바람꽃, 너도바람꽃, 나도바람꽃, 만주바람꽃, 외대바람꽃, 쌍둥이바람꽃, 숲바람꽃, 솔바람꽃, 세바람꽃, 매화바람꽃, 국화바람꽃, 가래바람꽃, 홀아비바람꽃, 회리바람꽃, 그리고 수식이 붙지 않는 바람꽃이 있다. 그 가운데 유일하게 여름에 피는 바람꽃을 제외하고는 이른 봄에 꽃을 피워 귀한 대접을 받는다.

바람꽃은 제 키가 작으니 아직 초목의 잎이 트지 않은 때라야 햇빛을 받아 생명을 키울 수 있다. 그렇다고 만약 키가 크다면 꽃샘잎샘바람에 휘둘려 몸을 가누기 힘들 것이다. 작다고 불평하지 않고 이른봄 짧은 햇빛으로 생을 가꾸는 재주꾼이다.

식물들과 가까이하며 알아갈수록 그것들의 지혜에 감탄하게 된다. 자연의 신비로움에 점점 빠져들어 감동하게 된다. 추위를 이기고 더위를 견디며 비바람에 순응하며 빛과 어둠을 다투지 않는 순전함이라니. 남들이 아직 겨울잠에 비적거릴 때 서둘러 꽃을 피우고 의연히 열매를 맺어 종족번식의 임무를 다하는 부지런하고 다부진 바람꽃들.

나는 봄이 오면 내 몸에 부는 바람결을 따라, 바람처럼, 바람꽃을 찾는다. 마치 봄을 맞는 하나의 행위처럼 해마다 버릇이 되었다. 겨울이 갈 쯤이면 왠지 모르게 마음이 싱숭생숭하며 온몸에 바람이 들기 시작한다. 막상 바깥에는 소소리바람이 불고 몸으로 살바람이 파고드는데 마음속에는 솔솔 실바람이 일어 먼데서 불어오는 꽃바람 향기와 뒤척인다. 그럴 때면 어쩌랴. 봄을 찾아 나설 수밖에. 바람이 들어 바람꽃을 만나야 하는지, 바람꽃이 피어 봄바람이 드는지 모를 일이다.

바람꽃은 약하디약한 모습이다. 겨울이 채 가기도 전, 차가운 땅을 뚫고 나와 찬바람에 꽃을 피우는 걸 보면 그 여린 모습에서 저절로 삶의 강인함을 배우게 된다. 내가 봄날의 행사처럼 바람꽃 마중을 하는 것은 아마도 그것 때문인지 모른다. 나태해지는 자신을 바람꽃으로 건드려 곧추세우려는 것인지도 모른다.

오늘도 이산 저산 둘러보며 수줍음 가득한 변산바람꽃과 해가 가리워져도 꽃이 아물지 않는 너도바람꽃, 순백으로 빛나는 꿩의바람꽃을 만났다. 앙증스러워 눈에 넣어도 아프지 않을 만큼 예쁜 만주바람꽃도 만났다. 바람꽃을 보러왔지만 산에는 부지런한 봄꽃들이 서둘러 눈을 뜨고 반긴다. 눈을 녹이며 핀다는 눈색이꽃(복수초 또는 얼음새꽃)과 아직 자줏빛 겨울색으로 몸을 감고 있는 얼레지의 부푼 꽃망울, 털이 보송보송한 노루귀꽃, 냉이꽃과 꽃다지도 덤으로 본다. 곧 양지꽃과 제비꽃이 피고 봄꽃이 줄줄이 지천으로 피어날 것이다.

하루가 다르게 봄 동산을 꾸려갈 수많은 꽃들이 피어 일상에 지친 사람들 가슴에 포근한 봄을 안겨줄 것이다. 나는 올봄에도 게으를 짬 없이 산을 찾고 들을 거닐며 꽃들에게서 생명의 고귀함과 삶의 아름다움을 배울 것이다. 그리고 함께 살아가는 사람들에 대한 고마움도 느낄 것이다.

아주 작아서 허리를 굽히고 무릎을 접어야만 소통할 수 있는 변산바람꽃 앞에서 그다지 성치 않은 무릎을 꿇고 엎드려 꽃을 바라본다. 나의 가는 호흡에도 바람처럼 흔들리는 바람꽃.

문득 세상 바람에 이리저리 흔들리면서도 말 한마디 내뱉지 못한 채 묵묵하게 살아가는 그 사람이 생각난다. 꽃들이 긴 겨울 혹독한 추위를 이기고 꽃을 피우고 열매를 맺듯 그에게도 봄날의 포근함과 따스한 햇빛이 비치기를 간절히 빌어본다. 바람꽃을 바라보고 있으면 왠지 기도하는 마음이 된다.

봄이 가기 전, 봄볕 가득 받아 꽃 더 살찌우고 씨앗 톡톡 여물려 온 산에 꽃바람 훈훈하기를 바라며 봄 산을 뒤로한다. 봄향기, 꽃향기가 따라와 나보다 앞서 집안으로 들어선다. 사방이 꽃향기로 가득하다.

한 번만이라도

새 즈믄해를 맞아 새로움으로 일상을 엮어가던 2,000년 대 초반이었다. 나는 뜬금없이 라대곤 선생님의 도톰한 편지 한 통을 받았다. 무슨 내용일지 궁금증에 앞서 일필휘지한 겉봉을 보고 가슴이 콩닥콩닥 뛰었다.

글자 한 자 한 자의 유려함은 물론, 글자 크기, 딱 제자리 찾아 들앉은 주소의 짜임새까지 편지봉투는 마치 한 편의 훌륭한 서예작품처럼 짜릿했다. 편지봉투 하나로도 훌륭한 예술적 가치를 발휘할 수 있다는 걸 그때 느꼈다. 차마 가위를 덥석 들이댈 수 없어 조심조심 티 나지 않게 봉투 모서리를 잘랐다. 안에 든 서너 장의 편지지에 쓰인 글씨를 보자 다시 숨이 턱 막힐 만큼 놀랐다. "세상에! 이럴 수가!" 그때부터 나는 마음에 라대곤 선생님을 달필의 대가로 모셨다.

그런데 편지를 채 한 장도 읽기 전, 글씨에 반해 두근거리던 나는 어리둥절했다. 느닷없이 "대한민국서예대전 대상 수상을 축하한다."며 그럴 줄 알았다고, 그러고도 남으리라고 생각 하셨다니. 그때의 묘한 기분은 형용하기 어려웠다. 웃음은 사라지고 왠지 모르게 송구하고 한편으로 왠지 모를 서글픔 같은 감정이 일어 한참이나 싱숭생숭했다.

나는 라대곤 선생님의 수필집《한 번만이라도》를 읽으면서 그분을 알게 되었다. 그분의 작품이 나오기 바쁘게 찾아 읽는 건 기본이고 그처럼 재미있고, 웃으며, 생각하며 읽을 수 있는 글을 쓰고 싶어 했다. 그분은 독자의 마음을 알기라도 한 듯 연이어 작품집을 발간하여 나 같은 애독자의 욕망을 채워주었다. 수필집《취해서 50년》,《물안개 속으로》그리고 소설집《악연의 세월》,《굴레》,《선물》을 탐독하며 그분의 작품을 좋아하게 되었다. 두어 번 귀한 책을 보내주셔서 고맙다거나 읽고 난 느낌을 짧게 적어 보내드리기도 했다. 글벗들끼리 그분의 작품 이야기를 나누기도 했다.

어느 때쯤이었던가. 조경옥 시인의 남편인 김진열 전북은행 군산지점장의 주선으로 김용옥 선생님과 당시 '끈' 회원들은 라대곤 선생님을 처음으로 만났다. 글 속에서 다양한 모습으로 만났던 그분은 그날 초면인 우리들에게 또 한 모습을 보태주었다. 그날 어느 순간, 그분은 놀랍게도 욕쟁이가 되어버렸다. 그것도 흔히 듣던 그런 욕설이 아니었다. 차마 입 밖에 낼 수도, 쓸 수도 없는 욕지거리를 서슴없이 끌어들여 말속에 섞었다. 그 자리에 있는 누구에게도 하는 욕은 아니었지만 마치 수필에서나 소설에서 그렇게 부드럽게 대화를 구사하듯 그분의 욕설은 자연스럽게 말과 섞여 흘러 나왔다. 정말 아찔했다. 나를 일등 애독자라고 기어이 옆자리에 앉게 한 글벗들이 원망스러울 정도로 그 자리가 좌불안석이었다. 나중에 그분의 글들을 더 많이 읽고 나서야, 그리고 내가 세상 볕에 한참을 더 그을리고 나서야, 그렇게 힘 있게 욕을 발설할 수 있는 것도 그분의 큰 능력이란 걸 알았다. 때로는 욕설도 대화의 기법이라고 생각했다.

선생님은 나의 수필에 대해서도 편지를 주신 적이 있다. 역시 달필에 문장을 술술 풀어내는 탁월한 분이었다. 격려와 함께 방향 제시도 해주셨지만 난 그분의 말씀처럼 능동적이지 못해 아직도 실현치 못하고 있다. 그러나 그분의 수필처럼 읽기 편하고, 〈박 영감 이야기〉나 〈진순이와 진돌이〉 얘기처럼 소소한 이야기로 한바탕 웃음을 안겨줄 수 있는 그런 수필을 쓰고 싶은 바람은 변함이 없다.

문단 활동에 굼떴던 내가 라대곤 선생님을 가까이 뵌 것은 그때 이후로 십 년도 훨씬 지난 후 전북문협 사무국장을 할 때였다. 그땐 병색이 짙은 모습으로 욕은커녕 말씀조차 힘을 놓아버린 듯 땅에 누운 낙엽 같았다. 집에 와서도 일행들 손에 들려주신 주먹만 한 젓갈 두 병을 먹지도 못하고 바라볼 때마다 울컥 슬픔이 솟곤 했다. 그리고는 돌아가신 후 전북문협장을 치를 때에야 영정사진으로 뵈었으니, 독자로서도 문인으로서도 별 볼 일 없는 사소한 관계였다고나 할까. 어쨌거나 땅속에 선생님의 관이 내려질 때, 많은 사람들이 애도하며 한 삽, 한 삽, 흙으로 선생님의 육신을 덮어드릴 때 나는 차마 삽을 들지 못했다.

봄이 넘실거리는 산자락을 내려오면서 문득 글씨는 쓴 사람을 표현하는 것이고 그 사람을 담는 행위라고 하시며 서도(書道)의 길을 꾸준히 가라 일러주시던 그때를 떠올렸다. 그분의 글씨에 비하면 졸필에 불과한 나의 글씨를 칭찬하시면서 꼭 글씨를 쓰기 바란다고 하셨는데…. 그 생각에 나도 몰래 눈물이 주루룩 흘렀다. 그러나 나의 글씨는 발전은 고사하고 실컷 뒷걸음질만 치고 말았다. 한때는 서예를 꿈꾼 적도 있었다. 하지만 진인사대천명盡人事待天命이라는데 노력도 하지 않고 어찌 천명을 기다리겠는가. 이제 기대하겠다 하시던 분조차 세상을 뜨시고 나는 붓글씨는커녕 열심히 컴퓨터 자판이나 두들기고 있다.

그때 선생님이 축하해주신 대한민국서예대전 대상 수상자 김춘자 씨는 당시 서울 송파구에 살던 분으로 나와 같은 이름이었다. 지덕을 겸비한 청곡 김춘자 작가는 '전통의 길을 가되, 현대성을 모색해야 된다.'고 말하는 존경받는 서예가다. 나는 서체 안에 조형미, 철학이 들어 있다는 그의 훌륭한 작품을 대할 때면 위대하다는 생각이 앞서곤 한다. 그리고 그때가 떠올라 슬며시 미안한 마음이 들기도 한다. 이 모두가 라대곤 선생님이 이끌어 낸 웃음거리다. 그런데 나는 어찌 이런 사건을 선생님처럼 그렇게 재미 솔솔 나게 쓰지를 못하는 건지. 참나!

선생님이 그렇게 빨리 가실 줄 알았으면 '한 번만이라도' 더 만나 뵙고 글씨 이야기도 나누고, 글 이야기도 나누며 살짝 왜 그렇게 욕을 잘하셨느냐고 여쭤볼 것을…. 글씨 쓰는 손놀림을 '한 번만이라도' 봐 둘 것을….

아마도 선생님은 그곳에서도 그 유려한 필체로 수필을 쓰고 소설, 동화, 콩트를 쉼 없이 쓰고 계실 것이다. 선생님의 멋스런 그 편지 '한 번만이라도' 더 받아보고 싶다.

꽃길만 걸으시라

여행의 시작과 끝은 꽃이었다. 여행의 목적이야 그 끝없는 초원과 초원의 끝에서 끝까지 거침없이 펼쳐진 하늘을 보는 것이라고 말했지만 어디 그뿐일까. 그곳의 꽃과 바람과 말과 양떼, 그리고 아주 먼 곳에서 밝아오는 아침 해와 더욱 더 먼 곳으로 지는 저녁 해, 밤잠을 설치고도 마냥 행복해 할 별 구경 등 생각만으로도 가슴이 팔딱팔딱 뛰는 것들을 만나는 것이었다.

몽골이란 곳은 한 번도 안 간 사람은 있어도 한 번만 간 사람은 없다는 곳이다. 그 말은 한 번도 안 보면 몰라도 한 번만 가서 본다면 두 번 세 번 수없이 가고 싶은 곳이란 뜻이다. 나도 손꼽아보니 처음 몽골을 다녀온 지 벌써 육 년이 지났다. 얼마나 자주 마음속에 그리고 살았으면 육 년이란 긴 시간이 한두 해

전처럼 가까이 느껴질까 싶다.

울란바토르 공항에 닿자 비행기가 활주로를 달리는 중에도 벌써부터 창을 통해 전에 보았던 꽃들을 찾고 있었다. 공항 밖 주차장이 새로 넓게 생겼는데도 잡초로 일궈진 꽃밭이 예전 그대로 있어 다행이다. 벌써 몽골의 꽃들이 제각각 반짝이며 인사를 건넨다. 울란바토르를 벗어나자 눈이 닿는 곳마다 푸른 풀밭에 색색의 꽃들이 널려 있다. 앞으로 열흘 동안 보게 될 많은 꽃을 상상하니 감정이 벅차오른다. 꿈틀거리는 감정을 추스르느라 혼자 슬쩍 토끼걸음을 뛰어본다. 꽃구경이라면 자다가도 벌떡 일어나 달려 나가는 사람이니 이보다 더 좋은 여행은 없다.

몽골은 눈만 뜨면 꽃밭이고 가는 곳마다 꽃 천지다. 우리나라의 열여섯 배나 된다는 너른 땅덩어리 가운데 건물 안과 사막을 빼고는 모두가 풀밭이니 그리 틀린 말은 아니다. 호텔도 현관만 나서면 꽃밭이고 게르는 문만 열면 온 천지가 초록빛으로 다가서고 바로 그곳에 수많은 꽃들이 농작물처럼 자라고 있다. 더구나 초원에 내려 꽃구경을 하려고 하면 도대체 꽃을 밟지 않고는 서 있을 수도 걸음을 뗄 수도 없을 만큼 많다. 자동차도 얼마 되지 않는 아스팔트길을 빼고는 꽃을 마구 짓이기며 달리는 곳이 몽골이다.

꽃구경을 하려 해도 꽃을 밟고 볼 수밖에 없고 사진을 찍으려 해도 꽃을 밟지 않고는 도리가 없다. 말을 타고 언덕배기를 넘었다. 말 잔등에서 내려다보니 지천으로 꽃이다. 그렇게나 많은 피뿌리풀꽃 무더기, 보기도 아까울 만큼 예쁜 솔체꽃, 곱디고운 진분홍색 패랭이꽃 무리, 눈처럼 피어난 에델바이스 무더기. 그 많은 꽃을 가축들이 예사로 밟고 지나다닌다.

홉스굴까지 가고 오는 곳곳마다 꽃은 널려 있었다. 구경거리를 찾아 옆길로 들어서면 거기도 여전히 꽃밭이었다. 때 묻지 않은 그곳의 자연 속에서, 자연으로 피어난, 셀 수 없이 많은 꽃들에 눈길이 팔려 잠시도 해찰할 겨를이 없다. 일망무제의 초원은 물론 오르막에도 내리막에도 들길에도 산길에도 꽃 천지다. 다만 지금이 7월 초순이니 봄꽃은 지고 없다. 수선화, 붓꽃 종류는 꽃은 지고 진초록 잎이 무성하다.

수백 종의 꽃들이 섞여 피는 몽골에선 묻지 말라는 세 가지 가운데 하나가 꽃 이름이란다. 얼마나 많은 꽃이 있어 이름을 외울 수 없으면 그런 말이 생겼을까. 우리가 거쳤던 몽골은 어디를 가나 꽃밭이었다. 꽃을 좋아하는 우리는 차창으로 바라보면서 시도 때도 없이 환호를 하고 어쩌다 차안에서 고주박잠에 시들다가도 꽃이라는 소리만 스치면 퍼뜩 눈을 떴다. 자주 차를 세워 늘비하게 핀 꽃구경에 신명이 일어 덩실덩실 춤을 추기도 했다.

올해 초, 직장을 그만두게 되었다. 나이 육십을 훌쩍 넘겼으니 일을 그만 두고 쉬어야 당연한데도 왠지 아쉽고 서운했다.

우울하기도 했다. 그때 앞서 퇴직을 한 지인 두 분이 내 마음을 감싸고 다독여주었다. 마지막 근무를 하는 날, 두 분은 커다란 꽃바구니를 들고 나의 직장으로 찾아왔다. 마지막 퇴근길이 행여 쓸쓸하고 초라할까봐 마음이 쓰였다는 것이다. 꽃바구니엔 "그동안 수고하셨습니다"라는 말과 함께 "앞으로 꽃길만 걸으세요"라고 씌어 있었다. 그리고 손을 꼭 잡고 함께 직장의 문을 나왔다. 그리곤 성찬을 마련하여 건배로 나의 기분을 위로해 주고 처진 어깨를 세워 주었다. 그날 그들 덕에 난 실직과 퇴직의 슬픔까지도 잊을 수가 있었다. 그날을 생각하면 지금도 울컥 감동이 살아나곤 한다. 아직도 꽃바구니에 꽂혔던 리본을 침대 머리맡 벽에 고이 걸어두고 그날을 기억하고 있다. 그분들의 깊은 정을 되새김은 물론 '꽃길만 걸으라.'는 그 말도 늘 고마움으로 아로새긴다. 바라볼 때마다 '당신들도 꽃길만 걸으시라.' 읊조린다.

난 그들 바람으로 이 많은 꽃들이 피어 있는 몽골의 꽃길을 걷는지도 모른다. 새삼 고맙다. 앞으로 나는 얼마나 많은 인생의 꽃길을 걸을 것인지를 상상해 보는 것도 재미가 난다. 철도 들기 전부터 일독에 빠져 육십여 년 쉴 짬 없이 일을 했으니 이제는 바람대로 쉬엄쉬엄 꽃길을 걷고 싶다.

유별나게 꽃을 좋아하는 성격이라 그동안 꽃을 멀리한 적이 없다. 많을 때는 옥상 가득 1,500여 개의 화분을 가꿔본 적도 있고, 선인장, 관엽식물, 동양란, 분재, 들꽃, 양치류 등 꽃 종류도 다양하게 길러봤다. 들꽃연구회라는 조직원으로 수십 년 동안 전국의 산야를 누비며 식물원이나 수목원을 찾는 것이 최고의 재미로 알고 산다. 돌이켜보면 꽃들과 함께한 나의 인생은 말 그대로 꽃길이다. 꽃길을 거닐면 마음은 어느새 새가 되어 기쁨의 날개를 달곤 한다. 앞으로도 산과 들에 펼쳐진 꽃길을 걸으며 세상을 즐겁게 살아가려 한다. 그런 나날이 이어져 나의 삶도 나의 맘도 저절로 꽃길인생이 될 것이라고 믿는다.

아무리 보아도 끝이 보이지 않는 몽골 땅. 유유히 풀을 뜯으며 걸어가는 양떼와 염소 떼, 말들, 야크들, 소들, 그리고 어쩌다 한 번씩 눈에 들어오는 유목민의 바둑알 같은 하얀 집, 이번 여행에선 울란바토르 시내는 아예 들어가지 않았고, 박물관에서 만난 사람들이 아니었다면 그리고 나담축제가 아니었으면 사람 구경도 제대로 못했을 뻔한 곳. 몽골은 오롯이 자연과 함께할 수 있는 땅이다.

그토록 좋아하는 꽃들이 사방 천지에 밭을 이루고 있는 그곳에 마음을 두고 왔다. 내년에도 내후년에도 천상의 화원인 그곳에 가기 위해 벌써 동행을 꾸리고 비행기 표를 샀다. 지금부터 내년 유월을 기다린다. 벌써 눈이 왔다는 그곳의 꽃들도 하얀 겨울을 보내며 초록의 계절이 오면 다시 오마 약속한 나를 기다릴 것이다.

| 해설 |

어느 나르시시스트의 별탑 쌓기
- 김추리의 수필 읽기

허상문(문학평론가)

별을 보는 것은 언제나 나를 꿈꾸게 한다.(…)
우리는 별에 닿기 위해 죽는다.
–빈센트 반 고흐

1

작가가 글을 쓴다는 것은 무엇인가. 문학에 관한 지극히 원론적인 이 질문은 예술 영역으로써의 문학이 출현한 이래 (불)가시적으로 잠재된 채 예술가와 작가들에 의해 다양한 답변의 가능성으로 존재해 왔다. 그동안 제시된 수많은 답변에도 불구하고, 글을 쓴다는 행위에 대한 한 가지 분명한 명제는 작가가 쓴 글이란 인생과 세상에 대한 자신의 감정을 토로하기 위한 것이고, 또한 이것은 독자에게 글쓴이의 생각과 감정을 보여주기 위한 것이다. 타자이며 세계의 구성원인 독자를 의식하면서 의식의 파편들을 토로하고 이를 종합하면서 쓴 것이 작가의 텍스트이다. 따라서 한 편의 문학 텍스트는 어떤 식으로든 작가 의식의 종합적 결과물이므로 그 속에는 인생과 세상에 대해 분투하는 작가의 모습이 담겨 있다. 이런 의미에서 모든 글쓰기란 작가가 물속에 비친 자기 모습을 드러내 보여주고자 하는 나르시시즘의 행위라고 할 수 있다.

말 그대로 나르시시즘(Narcissism)은 이상화된 자신에 대한 사랑을 의미하며, 그 원형은 그리스 로마 신화의 나르키소스에서 유래되었다. 예술과 문학에서의 자기애적 사랑을 찾기란 그리 힘든 일이 아니다. 예컨대 빈센트 반 고흐가 고갱과의 불화로 인해 자기 귀를 자르고, 절망적인 삶에 대한 고뇌 속에서 어두운 밤하늘의 별을 바라보면서 〈별이 빛나는 밤〉을 그린 것도 모두 극단적 나르시시스트의 고투 행위라고 할 것이다. 프로이트의 표현대로 나르시시즘은 자기 보존 본능으로서 인간의 본능적인 삶의 에너지와 관련되어 있다. 강렬한 생명력이나 성적 관능은 모두 본능적 에너지를 전제하지 않고서는 불가능한 것들이다. 나르시시즘은 작가의 주체 의식의 형성 혹은 자기 반영의 형식과도 깊이 연동되어 작가의 미적 태도를 확보하고 결정하는 근원적 힘으로 작용하게 된다. 우리는 김추리의 수필집 『별탑』에 실린 여러 작품에서도 이러한 예를 쉽게 읽을 수 있다.

나는 별을 향한 꿈을 버리지 않는다. 끊임없이 반복되는 생성과 소멸로 이어지는 우주의 마당귀에서 보일락 말락 할지언정 나의 존재는 별에게로 이어져 있음이다. 어둠이 짙어야 더욱 밝은 빛이 나는 별은 어둔 밤의 자장가처럼 부드럽고 포근하다. 나는 어디에선가 나를 바라보고 있을 나의 별을 찾아 별밤이면 하늘을 날아오른다. 은하수를 건너는 백조의 날개를 달고서.

–〈은하수를 건너는 백조〉에서

"수필은 나의 별빛"이며 "무한한 사유의 공간"(〈작가의 말〉)이라는 언명에서도 잘 드러나듯이, 김추리 수필집을 읽으면서 무엇보다 우리의 눈길을 끄는 것은 그의 작품에서 허다하게 등장하는 별의 은유와 상징이다. 작가는 자신이 바라보는 저 하늘의 별과 자신의 영혼과 사유를 등치시키는 일종의 '별의 상상력'을 우리에게 보여준다. 이런 문학적 상상력은 일견 관념적 의식의 표현으로 보이기 쉬우나 별을 통하여 세상과 존재의 의미와 관계를 향유하고자 하는 변증적 사유이다. 이런 사유 속에 내장된 생명력은 '나'의 안과 밖을 동시에 성찰하고자 하는 의식에 의해 가능하게 된다. 신의 존재가 부재한 이 혼돈의 세상에서 작가들은 갈수록 바깥세상과 불화하며 오직 자기 내면에 침잠하며 그 의식을 보여주고자 하는 욕망에 사로잡히게 된다. 그렇지만 내면세계에 기댈수록 작가들은 자기 고립과 소외라는 현대적 삶의 체험과 글쓰기 행위를 미완의 상태로 놓이게 하고, 작가는 이 세상과 존재에 대한 완결된 의미를 찾기 위해 더욱 자신을 미궁 속으로 빠뜨리게 한다.

작가의 글은 욕망과 결핍에서 벗어나고자 하는 꿈 꾸는 자의 것이고, 이것은 글로 표현되는 순간 휘발되는 듯하지만, 그 속에 작가의 감정과 사상은 그대로 남아 있다. 말을 바꾸면, 활자화된 텍스트는 작가의 사랑과 슬픔 같은 감정과 사상을 증명하는 일종의 자기 확인의 검인檢印 같은 것이다. 『별탑』에 수록된 많은 작품은 "대지에 찰랑이는 우람한 웃음꽃의 함성"(〈작가의 말〉) 같이 사랑하는 대상과 장소에 다가가고자 하고, 그로 인해 가슴 설레는 파문을 일으키고, 그것을 이루지 못해 슬퍼하는 모습을 보여주고 있다. 김추리의 언어는 사라진 대상을 찾기 위해 어두운 밤하늘을 바라보면서 상처와 슬픔을 섬세하게 각인한다. 그러면서 작가는 별을 통하여 "끊임없이 반복되는 생성과 소멸로 이어지는 우주"의 의미를 찾고자 하며 부재와 불가능의 영토에 닿고자 한다.

이런 노력은 일견 우리 수필에서 흔히 볼 수 있는 주제로 읽힐 수 있으나, 그동안 다른 수필들이 성취하지 못한 삶과 존재에 대해 깊고 내밀한 인식을 드러내 보이는 것이라고 할 수 있다. 따라서 화자의 삶과 존재의 그리움과 슬픔을 극화하고 있는 허다한 '별'의 이미지와 서술은 단순한 감상에 침윤된 수사가 아니라는 것이 『별탑』에 실린 여러 작품을 읽어갈수록 선명하게 드러난다. 김추리 작품의 저변에 자리 잡고 있는 삶과 존재에 대한 사유는 바로 나와 세계, 나와 타자 사이의 은밀하면서도 긴장된 관계로 우리들의 시선을 사로잡는다.

2

앞서 우리는 많은 예술가와 작가의 글쓰기 행위가 그의 '별 찾기' 행위에 의해 현현된다고 한 바 있거니와, 작가는 자신의 욕망과 결핍에서 벗어나기 위해 별을 꿈꾸는 자이다. 그동안 많은 작가와 시인들은 별에 대해 외경심을 갖고 현실 세계를 벗어나 초월적 세계로 다가서기 위해 별을 소재로 작품을 썼다. 그러나 작가와 시인의 별 찾기 행위가 단순히 별과 우주에 대한 동경과 호기심의 발로인 것은 아니다. 윤동주 시인이 "별 하나에 추억과/별 하나에 사랑과/별 하나에 쓸쓸함과/별 하나에 동경과/별 하나에 시"(「별 헤는 밤」)를 담고자 했지만, 별은 아스라이 멀리 있다. 시인과 작가는 별을 보며 이상적이고 순수했던 시간을 회상한다.

그렇다면 김추리의 별 사랑은 어떻게 나타나고 있으며, 이것이 세상 사랑과 자기 사랑으로 어떻게 표현되고 있는가. 작가는 별이 보이는 곳이면 어디든지 나타나서 별을 바라보면서 인생과 사랑에 대한 기억을 소환하여 자신을 바라보고자 한다. 이를테면 작가가 꽃밭과 별밭의 동일체가 되고자 하는 다음과 같은 발언도 이에 다름 아니다. 작가는 꽃밭에 서 있을 때면 눈에 보이는 꽃들이 별빛처럼 반짝이며 품 가득 별을 안게 된다. 고개 숙여 자신을 내려다보면서 "나도 따라 꽃별이 된다. 별꽃이 된다."

난 그저 언제부터인지도 모르게 밤하늘의 별을 탐색했다. 영롱하거나 흐릿함을 가리지 않으며 푸른 별, 붉은 별, 하얀 별을 가늠하지도 않는다. 초저녁이나 새벽도 상관없이 기회가 있을 때마다 늘 하늘의 별빛을 향해 고개를 들고 별 바라보기가 일쑤다. 저녁이면 몇 번씩 옥상을 오르내리며 별을 본다. 그믐께 새벽이면 동녘 하늘을 밝히는 새벽별을 보겠노라 겨울에도 덧문을 닫지 않는다. 남편의 지청구에도 반박할 여지가 없다. 때로는 문득, 별이 수십 광년의 시간을 뚫고 나의 창문을 넘어 들어오기도 한다.

-〈코스모스 별탑〉에서

별은 많은 사람에게 영감을 불어넣는다. 그리고 각자의 관점에서 별을 해석하고 사유하여 가슴에 담는다. 별 속에는 고흐의 예술혼과 칸트의 철학이라는 다른 뜻들이 담겨 있듯이, 별의 의미는 관점에 따라 새롭게 창조되고 변화한다. 별의 의미는 스스로 진화하기도 하고, 나의 별과 타인의 별은 새로운 관계 맺음이 이루어진다. "별이 수십 광년의 시간을 뚫고 나의 창문을 넘어 들어오"면서 별과 화자의 관계의 의미는 더욱 깊어져 가며 별과 나는 하나가 된다. 그러면서 별을 통한 작가의 나르시시즘은 깊어 간다. 나르시시즘은, 프로이트가 이야기했듯이, 다른 무엇보다 아름다움을 느끼는 사람이 자기에 대하여 가지는 '확고한 긍지(dura superbia)'에 의해 나타난다. 긍지란 바로 우월의 위치에 있음을 의미한다. 아름다움을 느낌에 있어서 내가 남보다 위에 있음을 자각하는 것, 그것이 긍지이다. 이런 의미에서 나르시시즘은 단순히 사물과의 대자적 관계가 아니라 즉자적 관계의 결과인지 모른다. 자기의 아름다움을 남과의 관계 속에서가 아니라 주체적 관점에서 느끼고 의식하는 것이 진정한 나르시시즘인 것이다.

김추리의 수필집 『별탑』에는 별의 이미지가 삶에 대한 철학적 인식으로 관통하고 있다. 많은 작품에서 별은 조화와 화합의 형식이며 소통과 공감하는 삶의 방식으로 그려진다. 작가에게 "매캐하게 마당을 휘감던 모깃불 연기 사이로 반짝반짝 튀어나오던 셀 수 없이 많은 별들. 별 하나, 별 둘, 별 셋, 드넓은 하늘은 우리의 숫자놀이판이었다."(〈별〉) "쑥부쟁이나 버들마편초, 해

바라기와 같은 천지에 널린 초화류들도 꽃송이 안에 별을 그득 그득 품고 있다."(〈코스모스 별탑〉) "오랜 기다림 사이로 별똥별이 하늘을 스치면 가만히 두 손을 모은다. 말없이 아름다운 미래를 꿈꾸며 올리는 기원이다." 〈흥하라 흥하라〉 이렇게 작가는 몽골의 초원에서, 백두산 장백폭포에서, 풀 한 포기 없는 미국의 데스밸리에서, 물에 흠씬 젖은 듯한 뉴질랜드 하늘에서 별을 좋아해서, 별을 동경해서, 별을 사랑해서, 별과의 만남은 끝이 없다. 그러면서 어느새 우리 할머니가 그랬던 것처럼 손주들과 하늘을 우러르며 별 이야기로 친구가 되어간다. 여기서 다시 강조되어야 할 것은 작가의 별 체험이 단지 별과의 정서적 교감을 위한 방식에 그치지 않고 있다는 사실이다. 김추리의 별 체험을 통한 별 사랑은 우주와의 소통을 위한 혹은 자아의 세계를 확인하기 위한 정신의 교류이다. 진정한 자기 세계는 일상 현실과 분리된 자기만의 공간을 확보하려는 자아의 의지로 만들어진 세계이기 때문이다.

삶과 우주의 원리란 반복되는 생성과 소멸에 의해서 영위된다. 그렇듯이 김추리의 별에 대한 사유는 철학적 인식을 바탕으로 나아가며 삶과 존재는 별을 통한 '영원의 상징'으로 이어질 수 있다고 여긴다. 수백 광년의 간극을 두고 오로지 빛으로 마주하는 수많은 별, 그래서 작가는 언제부터인지 모르게 별을 그리워하게 되었고, 사랑하는 사람인 것처럼 별을 바라보며 별과 함께하는 시간이 행복하다고 느낀다. 별과의 대화는 무한한 시선으로 주고받는 침묵이지만, 하염없이 하늘 저편으로 펼쳐지는 먼 우주를 그려보며 마치 고향을 생각하는 듯한 정이 솟는다. 별은 우리에게 지상과 천상을, 삶과 죽음을 이어주는 다리이다. 별은 아무 때나 누구에게나 보이는 것이 아니다. 별은 어둠 속에서 자신을 볼 줄 아는 사람의 눈에만 보인다고 했다.

이렇게 김추리 수필의 중요한 특성은 사물 혹은 현상의 이면에 자리한 깊은 의미와 그 상호작용을 형상화하는 데에 있다. 작가는 우리들이 예사로이 여기거나 무심히 지나치는 사물의 현상을 면밀히 포착하여 정밀하게 그려 낸다. 김추리는 세상의 근원으로서의 사물과 장소를 다시금 기억하고 그 의미를 생성하는 일이 얼마나 소중하고 아름다운 것인지를 잘 보여주고 있다. 모든 사물과 장소의 바탕에는 그 근원으로서의 흔적과 생의 슬픔이 고여 있다. 어떤 사물이나 장소는 감당할 수 없는 대가로 우리의 가슴에 남을 때가 많다. 어떤 장소는 우리의 의식 속에 깊게 박혀 그리움으로 가득 차거나 아픈 슬픔을 요구하기도 한다.

김추리의 작품에 등장하는 장소는 작가가 가슴 속에 품은 슬픔과 그리움의 마음이 가득 담겨 있는 곳이다. 작가는 그런 장소를 그리면서 세상과 존재의 모습을 통하여 새로운 소통의 다리를 놓는다. 작품에 등장하는 여러 장소, 예컨대 성현의 위패가

서 있는 서원(〈무성서원에서 상춘곡을 떠올리며〉), 천혜 절경 내 고향 운암과 옥정호(〈산길 따라 물길 따라〉), 영주 성혈사 나한전 출입문 꽃살문(〈꽃살문 연지〉) 등은 작가가 온 힘을 다해 부르는 설움과 그리움의 대상이다.

> 설움은 삼켜도 하염없이 흐르는 눈물을 멈출 수 없었다는 대목이 그 아픔을 말해 준다. 그러나 그 세월은 가고 그림 같던 고향, 꿈결 같은 추억은 그리움을 담아 잃은 듯 새로이 태어났다고 말한다. 옛날의 운암강을 그러안아 옥정호가 탄생하고 외안날 물안개가 피어올라 선경을 이룬 곳에 상서로운 오색구름이 날아드니 운암의 새 날을 말하는 듯하다. 고향을 잃은 서러움일랑 희망의 푸른 물에 묻어 두고 실향의 아픔도 망향의 애틋함도 고이접어가면서 한 세월은 가고 그들의 이야기는 온 산천에 새겨져 유구한 세월을 이어가리라고 얘기한다.
>
> -〈산길 따라 물길 따라〉에서

장소에의 그리움을 통해 작가는 더 나은 세상과 존재의 꿈을 잃지 않는다. 그러면서 "봄에 비바람이 치는 것도 다 이유"가 있으며 모든 "자연의 흐름에 헛된 것이 없다는 생각이 든다."(〈봄이 오는 길목에서〉)고 여긴다. 김추리의 작품을 읽으면 직관으로 찾아낸 이야기들이 서정으로 젖어 온다. 애초에 모든 문학 작품은 논리의 소산이 아닌 상상력에 의한 창조적 세계라고 하지만 김추리의 수필에서 보이는 상상의 이미지는 매우 독특하다. 작가는 자신이 마주하는 사물과 장소를 직관 그대로 놓아두는 것이 아니라, 거기에 미학적 묘미와 주제 의식을 조화시킴으로써 삶과 존재에 대한 더욱 깊은 작가 의식을 드러낸다.

3

작가가 발 딛고 살아가는 세상은 우리보다 앞서 사라져간 누군가의 흔적이 남아 있는 곳이다. 김추리에게 글을 쓰는 일은 크게 보아 이 세상의 지난 흔적을 쓸어보고 만져보는 일이다. 삶과 세상의 흔적은 곧 망각과 기억의 역사다. 역사는 풍화되고 사라지는 것이 아니라 화석처럼 단단히 남아 영원히 죽지 않고 오히려 새롭게 태어난다. 그리하여 그들은 "어둠의 배려로 수백 년 지난 삶을 망각하고 날마다 수만 년을 이어갈 신화창조를 꿈꾸었다."(〈규화목〉) 작가는 땅속에 묻혀 규화硅化된 나무인 규화목을 바라보면서 이것이 나무의 죽음인가, 돌의 탄생인가를 묻는다. 생을 마감하면서 나무는 주검으로 남았지만 새로운 숨을 쉬었다. 나무는 죽고도 다시 살아 새 생명을 부여받았다. 작가는 다시 묻는다. 나무는 무엇을 바라는가. 무엇을 기다리는가.

우주 멀리, 저 멀리, 안드로메다의 별들이 보내주는 신비의 빛으로 나무의 진액을 뱉어내면서 꼿꼿하게 맥을 세우고 본연의 결과 동그란 나이테를 움켜쥐었다. 긴긴 날이 속속 지나가고, 죽고도 죽지 않은 나무돌이 되어 수만 년 살아갈 새 생명을 부여받았다.

규화목. 나무가 죽어, 새로운 몸으로 태어나서, 화석이 된, 새 이름이다. 모양도 성질도 치환의 고통과 경이로움으로 단련하여 견고한 돌이 된 나무. 화석이 된 나무.

－〈규화목〉에서

'자취' 혹은 '흔적'이라는 이름으로 일컬을 수 있을 수많은 기억은 일상과 까마득한 태고를 하나로 이으며, 그 수 만 년의 흔적을 어떻게 이을 수 있을까를 작가는 사색한다. 오늘날 우리는 여러 면에서 '상실의 시대'를 살고 있다. 규화목은 세월의 흐름에 따라 흔적 '없음'을 통해 살아 '있음'을 드러내면서 세계의 환생을 꿈꾼다. 나무도 아니고 돌도 아닌 채 범접할 수 없는 혼령을 지닌 규화목은 숭고하다고 작가는 여긴다. "예측하기 어려운 수많은 시간을 품어 안고 견디며 지내온 시간을 끌어안은 나무 아닌 나무, 앞으로 수만 년을 살아가야 할 돌 아닌 돌, 죽었으면서 살아 있는 나무의 혼신이 스민 돌"의 굳어 버린 흔적을 발굴하여 그 존재론적 의미를 작가는 추적하고자 한다. 그리하여 작가는 규화목 앞에 엎드려 그의 오래된 몸을 만져보면서 셀 수 없는 수많은 시간이 손바닥을 타고 뜨겁게 전달되어 오는 것을 느낀다. 규화목의 시간과 화자의 시간, 규화목의 슬픔과 화자의 슬픔은 겹치면서 하나가 된다. 세월의 무게에 묻혀 돌이 된 규화목은 오랜 슬픔과 고통 그 자체이지만, 그 굳어진 생의 흔적 한가운데서 아름다운 존재의 시간과 새로운 세상이 현현될 것을 작가는 꿈꾸고 있다.

작가는 〈우담바라〉에서도 이런 의미를 부여한다. '우담바라'는 삼 천년에 한번 피는 꽃이어서 길상화라고도 하며 천복을 타고나야 볼 수 있다고 한다. 그래서 불가佛家에서는 무량억겁에 만나는 인연인 듯 부처의 공덕을 귀히 여겨 듣고 새겨야 볼 수 있다고 이야기된다. 그런 우담바라가 작품에서 화자의 자동차에 고이 피어 있는 횡재를 만난다. 그러나 작가가 여기서 강조하고 있는 것은 우담바라가 자동차에 피어났다는 행운이라는 현상이 아니라 이런 기회를 준 우담바라가 품고 있는 생의 내면적 의미이다. 비록 노란 괭이밥이라 할지라도 바람벽에 빌붙어서라도 기어이 아름다운 꽃을 피울 수 있다. 그렇기 때문에 여름이 다 가고 찬 바람이 불 때까지 언덕배기 계단을 오르내리며 괭이밥 삶의 의미를 우리는 가슴속 깊이 새겨두어야 하는 것이다. 마찬가지로 우담바라가 지닌 외면적 현상보다는 그것이 지닌 생의 의미와 진실을 새기는 것은 무엇보다 중요한 일임을 작가는 강조하고 있다.

많은 사람은 우리 시대의 진실은 눈앞의 현상을 통해서만 드러날 수 있다고 여긴다. 심연에 자리한 진실이 증발한 세계에서 작가는 우리 시대의 궁핍한 삶과 세상의 모습을 본다. 〈규화목〉과 〈우담바라〉에서처럼 작가는 눈앞의 메마른 풍경으로는 설명할 수도 규명할 수도 없는 삶의 진실을 '기억'을 통해 드러내고자 한다. 황량한 세상에 누적된 삶의 슬픔과 고통의 내력은 켜켜이 쌓여 가고 있다. 작가는 흔적과 기억으로 남은 '규화목'과 '우담바라'에서 우리가 찾아야 할 진실이 무엇인가를 묻고 있다. 이런 시대와 세상의 진실한 풍경을 언어로 드러낸다는 것은 더욱 힘든 일이다. 우리 시대에는 진실은 멀리 있고 언어만 살아서 떠돈다. 인간의 말은 어떤 올바른 의미도 갖지 못한 채 헛돌 때 세상은 무의미하고 공허하게 공전한다. 그래서 작가는 '언어의 중요성'을 누구보다도 강렬하게 인식하고 있다. 말은 "날카로운 칼과 같아 상처를 내기도 하고 때로는 목숨을 앗기도 한다."

> 말은 생명체다. 만의 얼굴을 갖고서 살아 꿈틀거리고 날개를 달았으며 말(馬)처럼 뛰어 지축을 흔들기도 한다. 그뿐이 아니다. 말에는 씨앗이 있어 싹을 틔우고 무성하게 자라기도 한다. 잘 가꾸면 어여쁜 꽃을 피우고 실한 열매를 맺지

만 반면에 돌보지 않는 말은 가시덤불이거나 해악의 뿌리가 될 수도 있다. 그렇다고 입을 막고 살 수 없으니 말이 입 밖에 나가기 전에 조심, 조심할 일이다. 하지만 그게 쉽다면 어찌 입을 가리켜 재앙의 문이라 했겠는가.

-〈코밑의 가로〉에서

그렇다. 세상은 불화하는 말들과의 전쟁이다. 말로 인해 모든 갈등과 전쟁이 일어난다. 따지고 보면 우리가 문학을 하는 이유도 말과 언어를 통하여 이 불온한 세상과 싸움을 하겠다는 것이다. "만의 얼굴을 갖고서 살아 꿈틀거리고 날개를 달"고 있는 생명체로서의 말의 중요성을 강조하는 작가 의식을 통해서도 잘 드러나듯이, 작가가 갖추어야 할 중요한 덕목인 삶에 대한 예지가 작품 전편에 넘친다. 김추리는 삶의 체험에서 포착한 함축적인 언어와 상징을 곳곳에 배치하여 작품의 주제 의식을 보여주는 능력을 갖추고 있다. 이것은 바로 진실된 글쓰기가 무엇인가라는 물음에 대한 진지한 고뇌의 산물이라 할 수 있을 것이다.

4

김추리는 대상에 대한 우리의 고정되고 경직된 관념을 넘어서고 미적 자의식에 기반한 언어를 지향한다. 이는 작가의 감각이 그만큼 사물과 사건의 이면을 뚫어 보는 통찰이 날카롭다는 것을 의미한다. 김추리의 수필은 일상성에 대한 재해석을 통해 개성을 드러내는 동시에 보편의 정서를 이끌어내어 독자들의 공감을 얻고 있다. 말하자면 그의 언어는 눈앞의 사물이나 사건들을 통해 단순한 사실적 감각과 관찰을 이루는 것을 넘어서 독특한 상상력으로 재점화시켜 새로운 텍스트로 만들어 내고 있다. 이는 작가의 문학적 성취를 위한 내적 고투 덕분에 이루어진 결실이라 하겠다. 이런 글쓰기는, 헤겔의 표현에 기대면, 객관적 실재를 구체적으로 묘사하는 것이 아니라 마음속에서 일어나는 반향과 그것에 의해 일어나는 자각적 감정에 의해 이루어지는 것이다.

김추리는 단순히 자기도취나 주관성에 함몰되는 나르시시스트가 아니다. 작가는 자아의 자기 응시와 사유가 전면화되고 자신의 내면성을 후치시킴으로써 새로운 언어의 의미 전복에 성공한다. 그래서 그의 작품에서의 나르시시즘적 양상은 외부 현실에 대한 객관적 인식과 자신의 감정을 역동적으로 교차하거나 전복시키는 데 있다. 김추리의 수필은 삶의 신산辛酸을 건너게 하는 상상력으로 세상에 대한 우리의 경직된 관념과 안주를 경계하고 일탈하게 한다. 이런 문학적 노력은 우리 수필계의 메마른 현실에 저항하는 정신의 발로라 할 수 있으며, 이런 작가 정신은 김추리가 앞으로 더욱 훌륭한 작가로 성장할 수 있을 것이라는 기대를 갖게 한다.

김추리의 나르시시스트적인 자기 사랑과 세상 사랑은 더욱 깊어 갈 것이다. 그에게는 아직도 여전히 할 말이 많이 남아 있을 것이기 때문에.

김추리 수필집

별탑

인쇄 2023년 1월 10일
발행 2023년 1월 20일

지은이 김추리(춘자)
발행인 서정환
펴낸곳 수필과비평사
주소 서울시 종로구 삼일대로 32길 36(익선동 30-6 운현신화타워 빌딩) 305호
전화 (02) 3675-3885, (063) 275-4000 · 0484
팩스 (063) 274-3131
이메일 essay321@hanmail
출판등록 제300-2013-133호
인쇄 · 제본 신아출판사

ISBN 979-11-5933-458-0 (03810)
값 13,000원

이 도서의 국립중앙도서관 출판예정도서목록(CIP)은 서지정보유통지원시스템 홈페이지(http://seoji.nl.go.kr)와 국가자료공동목록시스템(http://www.nl.go.kr/kolisnet)에서 이용하실 수 있습니다.

Printed in KOREA